JN125272

その指導、子どものため？ おとなのため？

ユニセフ
「子どもの権利とスポーツの原則」
実践のヒント

公益財団法人 日本ユニセフ協会
「子どもの権利とスポーツの原則」起草委員会 ［編］

Children's Rights
in Sport Principles

明石書店

プロローグ

みなさんの周りに、こんなことを言っている子どもたちはいませんか？

「プロを目指してます」
「メダリストになりたい」
「そこまでじゃないけど、部活、頑張ってます」

1人でもいたら、そんなみなさんに、この本をぜひ読んでいただきたいと思います。

「スポーツは苦手」
「スポーツするのは、体育の授業くらいかな」

もし、子どもたちがこんなことを言っていたら。あきらめないでください。この本の中に、子どもたちをスポーツ好きにさせるヒントを見つけていただけると思います。

「スポーツ…。でも、怪我はさせたくないから…」

そのお気持ち、分かります。でも、その迷い、この本が払拭してくれるかもしれません。

＊＊＊

日本はもとより世界中の子どもが日々何らかの形で接している「スポーツ」と「子どもの権利」の関係を、『原則』の形にまとめてみよう。そんな議論を関係者の方々と始めた頃、日本の新聞やテレビは、スポーツ界に吹き荒れていた大きな嵐を毎日のように伝えていました。監督やコーチによる暴力的な指導。過度のトレーニングで幼くして故障した子。選手生命を奪われた子。"ブラック部活"…。ユニセフが言うところの「世界中のスポーツ界の古くて新しい問題」。これが影響したのでしょう。私たちが最初にまとめた原稿の中の"子ども"は、「エリート（一流）アスリートを目指す子ども」に限定されていました。しかし、これは、程なく草稿から外れます。

　そもそも「子どもの権利」は、性別や年齢、民族、国籍、言語、障害の有無などの違いを問わず、地球上すべての子どもに認められた権利です。それも、集団としての「子ども」ではなく、子ども一人ひとりに。
　「スポーツは、世界共通の人類の文化である」。この言葉で始まる『スポーツ基本法』（2011年8月施行）は「スポーツを通じて幸福で豊かな生活を営むことは、全ての人々の権利」と謳います。"すべての子ども"に普遍的な内容となった原則案には、この基本法の理念に基づいてスポーツ界の改革に取り組まれているスポーツ庁や統括団体の方々から、多くの賛同や応援、内容をさらに充実させるためのご意見をいただくことができました。
　着想から約１年で完成した『子どもの権利とスポーツの原則』には、

スポーツ界はもとより、部活動に大きな影響力を持つ教育界や、経済界でも賛同の輪が広がっています。しかしながら、日々子どもたちに接していらっしゃるのは第一線の指導者のみなさまと保護者のみなさま。子どもたちに最も大きな影響力を持つ重要な立場にいらっしゃるみなさまこそ、この『原則』を具体的な形で生かしていただけるはずです。

　そんな思いを共有してくださった方々と、本書をまとめました。

　「私たちは、私たちのために、スポーツをするんだ」

　スポーツが大好きな子どもたちはもちろん、苦手に感じている子どもたちも、まだスポーツに触れていない子どもたちも、日本中の子どもたちがひとり残らずそう言えるようになる日を目指して。

　for every child, sports

日本ユニセフ協会

Contents

I

「子どもの権利と
スポーツの原則」
とは？

1

「子どもの権利とスポーツの原則」
誕生の背景と概要

日本ユニセフ協会 広報・アドボカシー推進室

ユニセフとスポーツ

　ユニセフ（国連児童基金）は、世界中のすべての子どもたちが健やかに育ち、持って生まれた可能性を十分に伸ばすことができる世界を目指して活動している国連機関です。約190の国と地域で活動しています[※1]。なぜユニセフがスポーツのことを？と思われる方もいらっしゃるかもしれませんが、実はユニセフとスポーツとの関わりは深く、スポーツや遊びが子どもたちの健康や心身の成長にとって重要な意味を持つことを認識して、長年、世界各地で、さまざまな場面でスポーツを取り入れた活動を行ってきました。子どもたちは、スポーツを楽しみ、取り組むことを通じて、他者との協力、他者の尊重、ルールを守ること等、多くのことを学びます。さらに、スポーツは、子どもたちの成長にとどまらず、社会全体にも、例えば民族・ジェンダー・障がい等による差別をなくすことや、紛争地での和解と平和の促進などにも貢献してきたのです。またユニセフは、スポーツが世の中に広く積極的なメッセージを伝える力を信じ、世界でたくさんのスポ

※1　日本を含む33の先進国・地域には、ユニセフの広報、募金活動、政策提言（アドボカシー）活動を担う、ユニセフ国内委員会（ユニセフ協会）があります。

ーツ選手に、親善大使を務めていただいています。

1989年に誕生した「子どもの権利条約（児童の権利に関する条約）」は、子どもの最善の利益を考慮すること、子どもの意見を尊重すること、子どもを差別しないこと等を柱とし、世界中のすべての子どもが持つ権利を定めています。そこでは、遊びや（スポーツを含めた）レクリエーションも、すべての子どもの権利として掲げられ[2]、また、子どもはあらゆる種類の暴力から守られることも定められています。

子どもの権利条約に基づき、すべての子どもたちの権利の実現を目指して活動するユニセフは、本来子どもたちにとってすばらしい価値を持つはずのスポーツが、残念ながら、暴力と無縁ではないことにも注目するようになりました。例えば、2010年に発表したスポーツにおける暴力に関する報告書[3]は、低年齢での専門化とも関連して、行き過ぎた指導、過度なトレーニング、身体的、精神的虐待などが各国で見られるとして、子どもにとってのスポーツの本来の価値が実現するためには、スポーツにおいて子どもを守る仕組みを整えることが必要であると指摘しました。

スポーツの価値を日本から発信

そのような中、大規模なスポーツの国際大会の開催を控えた日本から、本来スポーツの持っている子どもにとってのすばらしい価値を発信したいと考えた日本ユニセフ協会は、ユニセフ本部と相談して、2017年末頃から、新たな文書の作成にとりかかりました。この作業には、スポーツの分野で

※2　子どもの権利条約31条1「締約国は、休息及び余暇についての児童の権利並びに児童がその年齢に適した遊び及びレクリエーションの活動を行い並びに文化的な生活及び芸術に自由に参加する権利を認める」。
※3　ユニセフ・イノチェンティ研究所『スポーツにおける暴力から子どもたちを守る（原題：Protecting Children from Violence in Sport: A Review with a Focus on Industrialized Countries）』2010年。

活躍されている法律家の方々が、起草委員会を作り全面的に協力してくださいました。

　起草委員会では、子どもとスポーツに関して、国内外でどのような問題が生じているのか、国際的にはどのようなことが議論されているのか、よい取り組みとして参考にできるものはないか…専門家や現場の方にもお話をうかがい、既存の文書も参考にしながら、何度も議論を重ねました。そして、いくつかの方針が固まりました。

　第一に、スポーツと子どもに関する負の側面（してはいけないこと）だけでなく、スポーツの本来の価値を、子どもの権利の考え方に基づいて確認し、共有できるような文書にするということ。

　第二に、選手を目指すような子どもだけではなく、あらゆる形でスポーツに参加するすべての子どもを対象とすること。

　第三に、子どもとスポーツに関わるすべてのおとなたちが、協力して取り組むための指針となる文書にすること。指導者やスポーツ団体、部活動を提供する学校の他にも、子どもに最も身近な存在である保護者、先輩としての成人アスリート、スポンサー等としてスポーツに関わる企業等も、それぞれ重要な役割を持っていて、その協力が不可欠であると考えたからです。

　そして、最後に、日本のスポーツ団体や関係者の皆様に共感、賛同していただける、そして、世界にも通じる文書にしたいということ。起草を進めていた2018年は、日本のスポーツ界で子どもや若者に関わる問題が次々に起きた年になりました。それらについてももちろん検討しましたが、問題は日本だけにあるわけではありません。国際的な動きについても意識しながら、また、この年にスポーツ庁がとりまとめた「運動部活動の在り方に関する総合的なガイドライン」を参考に、部活動も念頭に置いて作成を進めました。

　ドラフトができると、日本から発信するのに相応しいものにするために、スポーツ庁、日本スポーツ協会、日本障がい者スポーツ協会日本パラリンピック委員会、日本オリンピック委員会、日本スポーツ振興センター、小中高の校長会、中学校、高等学校の体育連盟の皆様にご相談し、コメントをいただきました。多くの方々のご協力を得て、2018年11月20日（子どもの権利条約が1989年に採択された日）、スポーツ庁、賛同団体の皆様と一緒に、ユニセフ「子どもの権利とスポーツの原則」を発表しました。

「子どもの権利とスポーツの原則」発表イベント（2018年11月20日）

「子どもの権利とスポーツの原則」とは

　「子どもの権利とスポーツの原則」は、形式としては、ユニセフ等が2012年に発表した「子どもの権利とビジネス原則」にならって、簡潔な10の原則という形式をとっています（この下にさらに細かい項目を設けています。詳しくは巻末付録をご覧ください）。

ユニセフ「子どもの権利とスポーツの原則」

スポーツ団体とスポーツに関わる教育機関、スポーツ指導者に期待されること

01 子どもの権利の尊重と推進にコミットする
02 スポーツを通じた子どものバランスのとれた成長に配慮する
03 子どもをスポーツに関係したリスクから保護する
04 子どもの健康を守る
05 子どもの権利を守るためのガバナンス体制を整備する
06 子どもに関わるおとなの理解とエンゲージメント（対話）を推進する

スポーツ団体等を支援する企業・組織に期待されること

07 スポーツ団体等への支援の意思決定において、子どもの権利を組み込む
08 支援先のスポーツ団体等に対して働きかけを行う

成人アスリートに期待されること

09 関係者への働きかけと対話を行う

子どもの保護者に期待されること

10 スポーツを通じた子どもの健全な成長をサポートする

※4　ビジネスと子どもの権利にはさまざまな接点があることを示し、ビジネスが子どもにマイナスの影響を与えないようにすること、さらに、本業等を通じて、子どもの権利の実現に貢献できることを、10の原則の形で示した文書です。

　最初の6つの原則には、スポーツ団体・指導者・教育機関への期待を
まとめました。原則1でまず、先に紹介した、子どもの権利条約の基本
的な考え方をスポーツに当てはめます。「子どもの最善の利益を考慮す
ること」—スポーツの指導に関して、最近よく目にする「勝利至上主
義」。勝利だけに価値があるというこの考え方は、子どもの最善の利益
の考慮（その子どもにとって最もよいことを第一に考えている）と言え
るでしょうか。「子どもの意見を尊重すること」—スポーツとの関わり
方、楽しみ方や試合・練習への要望等について、子どもの意見は尊重さ
れているでしょうか。「子どもを差別しない」—障がいのある子ども等
にスポーツの機会は提供されているでしょうか。

　続く原則2では、スポーツ以外の生活とのバランスを考慮すること、
原則3では、身体的・精神的暴力、パワハラや事故、不正等から子ども
を守ること、原則4では、過度なトレーニングやオーバーユース、バー
ンアウト等によって子どもの心身の健康に負の影響を与えないようにす
ること等を具体的に盛り込みました。また、子どもが相談できる仕組み
を含む、体制の整備も重要です（原則5）。

　スポーツにおいて、保護者が子どもに期待をかけすぎてしまうことが
ある—それも世界共通のようです。そこで、原則には、周囲の過度な期
待によって子どもが自らに負荷をかけてしまう可能性を指摘し、子ども
を守るために、時におとなが限界を設定する必要があること等を、子ど
もの最も大事な支援者である、保護者への期待として言及しました（原
則10）。さらに、スポンサー等としてスポーツに関わる企業（原則7・8）
や、同じような経験を経ておとなになったアスリートたちにも（原則9）
重要な役割があると考え、すべての関係者が互いに対話し、共通の理解
を持つことがとても重要だとしています（原則6）。

「原則」の広がり

　スポーツ基本法（2011年）は、「スポーツを通じて幸福で豊かな生活を営むことは、すべての人々の権利」であると謳っています。すべての子どもが安心してスポーツを楽しめる環境を目指す「子どもの権利とスポーツの原則」は、スポーツ基本法と理念を共有するとして、スポーツ庁からは、原則の発表後、都道府県、全国の教育機関やスポーツ団体に、原則の趣旨を周知し、普及啓発に協力するようにとの依頼文書が発出されました。2019年には、日本サッカー協会（中央競技団体として初めて）、全日本野球協会、高野連を含むアマチュア野球14団体、日本プロ野球選手会（プロスポーツ選手会として初めて）が新たに賛同するなど、賛同の輪が広がっています。

　また、原則発表直後に日本で開催された世界のオリンピック委員会が集まる総会において、日本語版と同時に発表した原則の英語版が、すべての参加者に配布されました。これまでに、ギリシャ語、韓国語、ポルトガル語に訳されるなど、海外にも広まっています。

　2019年にスポーツ庁がまとめた「スポーツ団体ガバナンスコード（一般スポーツ団体向け）」には、「原則3：暴力行為の根絶等に向けたコンプライアンス意識の徹底を図るべきである」が設けられ、その注には、「子供の選手等を有する一般スポーツ団体においては、コンプライアンス教育の企画・実施に当たり、国連児童基金（UNICEF）及び公益財団法人日本ユニセフ協会が作成した「子どもの権利とスポーツの原則」を活用することも考えられる」と記載されています。子どもとスポーツに関わられている皆様には、一度、巻末の原則全文や、その実施のヒントなるアセスメントツールに目を通してみていただければ幸いです。

　原則同様、本書の作成にも、たくさんの方々が参加してくださいまし

た。前半では、スポーツ界、教育界、パラスポーツの立場から、専門家の方々がこの原則の意義や背景となる現状について説明してくださいます。後半では、現場に関わる方々から、具体的事例を通して原則実践のヒントが紹介されます。本書が、子どもたちがそれぞれの形でスポーツを楽しみ、スポーツを通して健全に成長していける社会に向けた、一つのきっかけとなることを願っています。

　スポーツは、2030年までの世界共通の目標である「持続可能な開発目標（SDGs）」を定めた文書の中で、SDGs達成のカギとなると位置付けられ、スポーツ庁も取り組みを進めています。スポーツを通じて成長した子どもたちが、2030年の持続可能な社会を担っていけるよう、皆で支えていきたいと思います。

Profile

日本ユニセフ協会 広報・アドボカシー推進室

日本ユニセフ協会（ユニセフ日本委員会）は、ユニセフ（国連児童基金）との協力協定に基づき、同本部はじめ世界約190の国と地域で活動するユニセフ現地事務所や国内委員会と連携して、日本国内におけるユニセフの広報、募金活動、政策提言（アドボカシー）を担う公益財団法人です（www.unicef.or.jp）。
（執筆：髙橋愛子）

2 スポーツ界から見た
「子どもの権利とスポーツの原則」

山崎卓也・高松政裕
（「子どもの権利とスポーツの原則」起草委員会）

「子どもの権利とスポーツの原則」の理念

　2018年11月20日、ユニセフ「子どもの権利とスポーツの原則」（以下、本原則）が発表されました。

　日本では、長らく、部活動や地域スポーツクラブでの指導者・先輩からの体罰・ハラスメントが問題になってきました。体罰・ハラスメントだけではなく、高校野球での投手の酷使の問題、部活動での勝利至上主義を背景とする長時間拘束・オーバーユース等、子どもが犠牲になるケースは少なくありません。

　これまで、スポーツの現場での子どもに対する体罰・ハラスメントが社会的に問題になるたび、法的または社会的に対策は練られてきました。しかし、スポーツ界で子どもの権利を尊重しようという基本的な考えは当然指導者間でも共有されてはいるものの、指導者の中には、子どもを怒鳴ったり、手を上げたりしたほうが、結局は子どものためになると思っている者も少なくないために、「価値観の共有」というレベルでの浸透を図ることができていませんでした。

　本原則は、そうした価値観レベルでの認識の共有を広げていくためのものですので、まず、子どもに関わる競技団体等が本原則の内容に賛同

することが価値観の普及につながります。しかし、それだけではなく、この価値観を広げていき、そのための実践的かつ具体的な行動を自発的にとることが、子どもを指導する者や団体に求められていると言えます。

ここでは、この価値観の共有を目指す本原則の背景について、主に法的な観点から説明します。

スポーツ界での子どもの権利保護の必要性

（1）子どもが自由にスポーツを楽しむ権利の実現

スポーツや遊びは、子どもにとって、自己実現のための重要なツールであり、子どもが、社会性を身につけ、他者との信頼関係や協調性を育むために必要不可欠な社会的活動であると言えます。また、スポーツは、子どもに対し、夢や感動を与え、子どもの人格形成や心身の健全な発達に資するものです。

しかし、子どもに対するスポーツ指導の場面では、指導に名を借りた暴力・虐待・ハラスメントが発生しているのが現状です。もともとスポーツ界には、タテ社会性の強い人間関係があり、暴力・虐待・ハラスメントが発生しやすい土壌があります。また、子どもの競技環境における行き過ぎた勝利至上主義を背景に、スポーツをする子どもに対して指導者や社会が過度のプレッシャーをかけ、子どもに無理を強いる等、子どもの権利が侵害されている場面が見られます。

スポーツの現場において子どもの権利が侵害される例として、指導における暴力・虐待・ハラスメント、オーバーユースやバーンアウト、教育を受ける権利の侵害、スポーツ事故等、多くの問題が挙げられます。

そもそも、児童の権利に関する条約（子どもの権利条約）は、第31条において、児童がその年齢に適した遊び及びレクリエーションの活動を

行う権利を、また休息及び余暇についても子どもの自由を、それぞれ保障しています。子どもがスポーツを行うにあたり、親や指導者から何かを強要されることはあってはならず、子どもが自由な意思でスポーツを楽しむことができるように、社会は子どものスポーツをする権利を保障し、子どもが安心してスポーツを楽しむことができる環境を整える必要があります。特に、子どもは、心身の成長過程にあり、心身の成長を阻害しないようその権利を保護すべき必要性が高いと言えます。

また、子どもが自由な意思でスポーツを楽しむことは、幸福を追求し、健康で文化的な生活を営むうえで不可欠な権利であると言えます（日本国憲法第13条、第25条、第26条）。

このように、子どもがスポーツを自由に楽しむ権利を享受し、これを妨げられないために、スポーツ界での子どもの権利侵害を排除し、子どもが安心してスポーツを楽しむ環境を整えることが今求められています。

(2) 子どもの権利を保護する国内立法
ア　スポーツ基本法
　2011年に制定されたスポーツ基本法は、「スポーツを通じて幸福で豊かな生活を営むことは、全ての人々の権利」（前文）であるとスポーツ権を規定するとともに、「心身の成長の過程にある青少年のスポーツが、体力を向上させ、公正さと規律を尊ぶ態度や克己心を培う等人格の形成に大きな影響を及ぼすものであり、……」（2条2項）と定め、子ども（青少年）のスポーツが特別の意義を有することを明記しています。

　また、同法では、スポーツ団体の責務として、スポーツを行う者の権利利益の保護が定められています（第5条1項）。
イ　児童虐待防止法
　スポーツに限らず広く子どもの権利の保護については、1951年に制定

された児童憲章において、「すべての児童は、虐待・酷使・放任その他
不当な取扱からまもられる」（第10条）と定められ、2000年に制定され
た児童虐待の防止等に関する法律（児童虐待防止法）においても、「何
人も、児童に対し、虐待をしてはならない」（第3条）として、子どもに
対する虐待の禁止を明らかにしています。

ウ　学校教育法

　学校教育法は、「校長及び教員は、教育上必要があると認めるときは、
文部科学大臣の定めるところにより、児童、生徒及び学生に懲戒を加え
ることができる。ただし、体罰を加えることはできない。」（第11条）と
規定し、教育目的をもった懲戒行為の限界として、「体罰」の絶対禁止
を明確にしています。

エ　児童福祉法

　1994年に日本が批准した「児童の権利に関する条約」に沿う形で、
2016年には児童福祉法が改正され、「全て児童は、児童の権利に関する
条約の精神にのっとり、適切に養育されること、その生活を保障される
こと、愛され、保護されること、その心身の健やかな成長及び発達並び
にその自立が図られることその他の福祉を等しく保障される権利を有す
る」（第1条）という規定が新たに設けられました。これにより、これま
では保護の客体として捉えられることが多かった子どもが、「権利の主
体」であることが明記されました。

子どもの権利保護確立に向けたスポーツ界の取り組みと限界

(1) 暴力行為根絶宣言

　2012年12月、大阪市立桜宮高校の男子バスケットボール部員が顧問に
よる暴力が原因で自殺するという痛ましい事件が発生し、時を同じくし

て柔道女子ナショナルチームでの暴行事件が発覚しました。

　この事件は日本のスポーツ界を揺るがし、暴力根絶に向けたスポーツ界内部からの自己改革を促す結果となりました。

　2013年4月25日に開催された「スポーツ界における暴力行為根絶に向けた集い」において、日本スポーツ協会（当時日本体育協会）、日本オリンピック委員会、日本障害者スポーツ協会、全国高等学校体育連盟、日本中学校体育連盟の5団体が「暴力行為根絶宣言」を採択しました。この中では、「スポーツにおける暴力行為は、人間の尊厳を否定し、指導者とスポーツを行う者、スポーツを行う者相互の信頼関係を根こそぎ崩壊させ、スポーツそのものの存立を否定する」と明言され、「我が国のスポーツ界が抱えてきた暴力行為の事実を直視し、強固な意志を持って、いかなる暴力行為とも決別する決意」が示されました。

　この「暴力行為根絶宣言」の後、スポーツ界は、スポーツ指導者への研修制度の拡充、各競技団体による相談窓口の設置、中立的な第三者による相談制度の構築といった取り組みを行い、スポーツ界からの暴力行為根絶に向けた自己改革が行われました。

（2）なくならないスポーツ界での子どもの権利侵害

　日本スポーツ協会により2014年11月に設置された「スポーツにおける暴力行為等相談窓口」では、2019年11月までに543件の利用がありました。この相談の中で被害区分として小学生、中学生及び高校生が合計65.8％、最も多い区分が小学生で45.1％を占める状況です[※1]。つまり、小学生がスポーツをするにあたり指導者から暴言暴力を受けるという実態は全く

※1　被害者区分が「不明」である相談が19.3％存することにも留意すべきです（伊東卓・合田雄治郎（2019）「スポーツ団体の暴力行為等に対する対応の現状と課題」日本スポーツ法学会第27回大会自由研究発表資料を参照）。

なくなっていないのが現状です。

　また、「暴力行為根絶宣言」の後のスポーツ界で実施された指導者への研修や相談窓口の設置により、指導者による有形力の行使を伴う暴力は減少しているものの、セクシャルハラスメント・パワーハラスメントのケースは増加しているのが現状であると言えます[※2]。

　このように、「暴力行為根絶宣言」の後、日本のスポーツ界では痛切な反省のもと、指導者への研修や相談窓口の設置といった取り組みを進めたのですが、スポーツ界にはハラスメントが蔓延し続け、子どもに対する権利侵害もなくならない状況であると言えます。

アセスメントツールを利用した新しい子どもの権利保護の実現

　このような中、ビジネスの分野では、2011年6月、国際連合人権理事会において「ビジネスと人権に関する指導原則：国際連合『保護、尊重及び救済』枠組実施のために」（Guiding Principles on Business and Human Rights: Implementing the United Nations "Protect, Respect and Remedy" Framework：以下、UNGP）が採択され、企業活動における人権尊重の重要性が強く認識される契機となりました。このビジネスの分野での動きに呼応し、IOCも、オリンピックを未来にわたって永続的に開催できるようにするには人権保護を確立しなければならない、つまり、オリンピック開催の影で発生する人権侵害を見ないふりをしていてはサステナブルな大会運営を実現できないことを強く認識したと言

※2　中川義宏ほか調査研究報告（2019）「スポーツ団体の倫理規程の在り方に関する考察—パワーハラスメントの定義を中心に」『日本スポーツ法学会年報』第26号によれば、新聞記事データベースELNETを利用したスポーツに関する記事の件数のうち、ハラスメントに関する記事は「暴力根絶宣言」が出された2013年は457件であるのに対し、2018年は1857件とされています。

えます。そして、2016年12月には、2024年の夏季オリンピックから、開催都市との契約（Host City Contract）においてUNGPへの遵守を義務付けることが決定されました。

UEFA（欧州サッカー連盟）においても、2024年に開催される欧州選手権（EURO2024）から、開催国を決める入札手続の過程で、UNGPを代表とする国際的に評価されている人権保護基準が実践されていることが開催国決定の条件の1つとして導入されました。

このように、スポーツの世界では、国際競技団体を中心とした強力な国際エンフォースメントを背景に、スポーツを通じた「人権尊重」という新しいムーブメントが起きています。

この新しいムーブメントの中で、子どもの権利保護のための仕組みとして、UNGPの考え方を応用し、子どもの権利保護に責任をもつ競技団体等に子どもの権利保護のためのポリシー策定を要求し、競技団体等にデュー・デリジェンスを求めるとともに、競技団体によるセルフアセスメントに対してスポンサー企業や保護者から評価される形にすることにより、競技団体が自発的に子どもの権利保護のための施策を講ずることを促すことが新しい子どもの権利保護のための仕組みとして開発されました。この新しい仕組みが本原則であります。

本原則に基づきスポーツ団体等やスポンサー企業等が子どもの権利の尊重にコミットし、子どもの権利の侵害を防止するためのさまざまな取組や対話・協働を進めることは、UNGPにおける人権尊重責任の実践に向けた有益なイニシアティブとして機能するものと言えます。

「子ども中心のスポーツシステム」の確立へ向けて

2017年11月、IOCは"Safeguarding athletes from harassment and

abuse in sport IOC Toolkit for IFs and NOCs"（以下、IOC Toolkit）
を発表しました。ここでは、国内オリンピック委員会（NOC）や国際
競技連盟（IF）がスポーツにおけるハラスメントや虐待からアスリー
トを保護するための政策及び手続を策定することを支援することが目的
とされています。

　また、2018年2月には、米国で "The Safe Sport Act" が制定されま
した。この立法は、全米を震撼させた体操女子ナショナルチームのドク
ターによる複数の女性アスリートに対する暴行事件を契機に制定された
ものです。全米の競技団体に対して、セクハラ等の子どもの権利侵害行
為の有無につき報告義務を課すという内容です。

　さらに、2019年8月には、国際サッカー連盟（FIFA）が、"FIFA
GUARDIANS　CHILD SAFEGUARDING TOOLKIT FOR MEMBER
ASSOCIATIONS"（以下、FIFA Guardians）を発表しました。"FIFA
Guardians" は、国際基準とスポーツ界全体の児童保護のベストプラク
ティスに基づいて作成され、「サッカーにおける子どもの安全は、全て
の子どもの権利」という考えのもと、子どもたちを危害から守ることは、
「全員の責任」という前提に基づいています。5つの原則と5つのステップ、
さらに参考となる17の付録から成っており、これらは、子どもの権利条
約（UNCRC）に基づいています。

　国連人権高等弁務官事務所のPaulo Davidは、「子ども中心のスポーツ
システム」を提唱しています[※3]。

　本原則は、スポーツ基本法をはじめとする各種法令の理念に合致しそ
れを具体化するものであり、とりわけ権利保護の必要性の高い子どもに

※3　森克己ほか（2015）「我が国におけるスポーツ指導者による子どもに対する虐待及び体罰の現状と子ども保護
制度の必要性」『鹿屋体育大学学術研究紀要』第50号を参照。

対するハラスメントや暴力の防止等に向けたスポーツ団体等の自主的な
取組みに資するものです。そして、アセスメントツールを利用すること
で、スポンサー企業の支援対象可否の判断材料として、また保護者や子
どもの選択判断の材料として、本原則を活用することにより、「子ども
中心のスポーツシステム」を実現することが期待されています。

Profile

山崎卓也（やまざき・たくや）

弁護士／ Field-R法律事務所。1997年弁護士登録後、スポーツ、エンターテインメント業界に関する法務を主な取扱
分野として活動。現在、スポーツ仲裁裁判所（CAS）仲裁人、国際プロサッカー選手会（FIFPro）アジア支部代表、
世界選手会（World Players）理事などを務める。著書に"Sports Law in Japan"（Kluwer Law International）ほか。

高松政裕（たかまつ・まさひろ）

2007年弁護士登録（第二東京弁護士会）。京橋法律事務所所属。主な取扱分野は、スポーツ、IT、
国際商取引。日本スポーツ法学会理事・事務局次長（2017年〜）。著書に『スポーツの法律相談』
（編集・共著、青林書院、2017年）、『Q&A 学校部活動・体育活動の法律相談』（共著、日本加除出
版、2017年）、『スポーツ法へのファーストステップ』（共著、法律文化社、2018年）ほか。

3

「子どもの権利とスポーツの原則」から見た
運動部活動の安全と課題

内田 良（名古屋大学准教授）

危険な環境下における活動

（1）危険な廊下を走らせる

日本スポーツ振興センター『学校の管理下の災害［令和元年版］』の
データ（2018年度の医療費給付事例）を見てみると、学校管理下の負傷・
疾病事案のうち、中学校では73.7％が、高校では81.2％が、スポーツ指
導時に起きています。また、保健体育の授業よりも運動部活動における
事故のほうが圧倒的に多く、中学校では保健体育が24.3％、運動部活動
48.4％、高校では保健体育が21.1％、運動部活動が57.1％と、保健体育
よりも2～3倍ほど運動部活動の事故が多いことがわかります（図1）。

身体を積極的に動かすことで身体への負荷が大きくなるからには、保
健体育さらには運動部活動で事故が多く起きるのは当然です。しかしな
がら、「スポーツにケガはつきもの」とあきらめてはなりません。なぜ
なら、とりわけ運動部活動は、安全の保障が脆弱なかたちで、いわば事
故のリスクと引き換えに運営されているからです。

例えば部活動の練習時に、廊下が使用されます。廊下をダッシュする、
校舎内を使って長距離を走る、廊下に並んで筋トレに励むなど、廊下や
階段を含むさまざまな空きスペースで部活動が行われます。

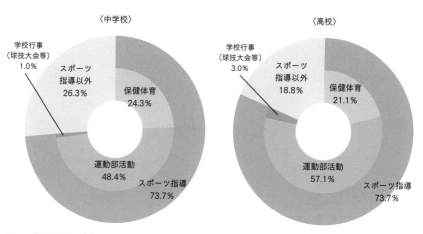

図1　学校管理下の事故におけるスポーツ事故の割合
出典：日本スポーツ振興センター（2019）『学校の管理下の災害［令和元年版］』より筆者作成

　一方で、その練習が始まるつい直前まで、廊下を走ることは禁じられていたはずです。廊下を走れば、滑って転ぶかもしれないし、廊下の角や教室の中から出てきた人に勢いよく衝突するかもしれません。「廊下を走るな」と教師が指導するのは、生徒の安全を守るためです。

　部活動の時間になれば、急に廊下が安全になるわけではありません。それにもかかわらず部活動では、廊下を走ることがもはや当たり前のものになっていて、それを省みるような姿勢は見られません。

（2）制度設計なき活動

「子どもの権利とスポーツの原則」に示された10か条の3か条目には、「子どもをスポーツに関係したリスクから保護する」ことが掲げられています。具体的な取り組みとして5つがあり、その1つに「子どもが安全にスポーツを行うことができる環境を確保する」ことが明記されています。ところが実際の学校における部活動では、スポーツを行うにはリスクが

とても高い環境で、子どもたちは毎日のように活動を強いられています。

　それではなぜ、このような危険な環境下で生徒はトレーニングをさせられているのでしょうか。その答を、学校教育上における部活動の位置付けから説明したいと思います。

　学校教育において部活動は、必ずしも実施すべきものではありません。中学校や高校の学習指導要領には、部活動とは「生徒の自主的、自発的な参加により行われる」ものと定められています。これは、専門的には「教育課程外」と表現されます（詳しくは次節を参照）。

　「自主的」ということは、制度設計としてさまざまな資源が準備されることもありません。授業と比べると、このことがはっきりとわかります。授業においては、保健体育は体育館やグラウンドで、音楽は音楽室で、国語や数学などは教室でというように、活動内容に応じた場所が用意されています。仮に授業の際に、体育館に生徒が入りきらないような状況になれば、体育館をもう１つ作るか、学校をもう１つ作るというのが、授業という必須の教育活動において起こることです。

　ところが部活動は、「自主的」なものであるために、制度的に十分な準備ができていません。準備不足のままに、一斉に部活動を行うので、場所が足りなくなってしまうのです。

　足りないのは場所だけではありません。人（指導者）も足りません。日本体育協会が2014年に実施した「学校運動部活動指導者の実態に関する調査」によると、中学校ならびに高校の運動部顧問のうち約半数（中学校：52.1％、高校：45.0％）は、その競技種目が未経験です。競技種目に関する専門性は低いということは、安全な指導方法に関する知識も乏しいということです。そこで事故が起きれば、生徒は傷を負い、教師は責任を負うことになります。

　このような環境下において、もっとも起きてはならない事故が、2017

年12月に発生しました。群馬県の公立高校において、生徒が陸上競技用のハンマー投げを練習している際、投げたハンマーがサッカー部の生徒の頭部を直撃し、生徒が死亡しました。同校ではグラウンド内において、ハンマー投げとサッカーのエリアが、とくに物理的な隔てもなく隣り合わせでした。環境整備の面で重大事故がいつ起きてもおかしくない状況であったと言えます。

　これはけっして特殊な出来事としてとらえてはなりません。各学校でも、例えば野球部のボールを気にしながら陸上部やサッカー部が練習をするといった状況は、日常的な風景です。部活動を運営するに相応しい場所が、そもそも圧倒的に不足しているということです。

　子どもたちは安全が保障されていない環境下で、運動部活動に参加しています。事故事例の中には環境整備の問題として取り扱うべきものがあるにもかかわらず、それらは「ケガはつきもの」というひと言によって片付けられていきます。事故は個々人の不注意に還元され、制度設計の不備が問題視されることはありません。環境が整備されることはないので、同じ事故がくり返されます。

「自主的」なのに強制される

(1) 学校側の誤った知識

　部活動というのは先に述べたとおり、建前としては生徒の自主的な活動によって成り立っています。これは学校教育界の用語で言い換えると「教育課程外」と表現されます。

　「教育課程」とは、学習指導要領などを踏まえて「学校教育の目的や目標を達成するために、教育の内容を子供の心身の発達に応じ、授業時数との関連において総合的に組織した学校の教育計画」（中央教育審議

28

会・初等中等教育分科会資料「教育課程企画特別部会　論点整理」）を
指し、その編成主体は学校にあります。そして学校教育法施行規則の第
72条において、中学校の教育課程は「国語、社会、数学、理科、音楽、
美術、保健体育、技術・家庭及び外国語の各教科」と「道徳、総合的な
学習の時間並びに特別活動」によって編成するものとされています。こ
こに「部活動」はありません。先述のとおり、学習指導要領においても、
部活動とは「自主的、自発的な参加」と位置付けられています。

　ところが実際には、部活動は教育課程に入っていると思い込んでいる
教師は、少なくありません。つまり、部活動は国語や数学などと同じよ
うに、生徒が必ず取り組むべき事項であると考えているのです。

　筆者が全国の公立中学校を対象に実施した調査※１では、「あなたは、
現行の中学校学習指導要領において部活動がどのように位置付けられて
いると思いますか」という質問に対して、全体の回答は、「教育課程外」
と正しく回答したのは58.3％で、その他に「教育課程内」が24.0％、「記
述はない」が4.5％、「わからない」が13.2％でした。「子どもの権利を守
るためのガバナンス体制を整備する」(「子どもの権利とスポーツの原則」
の5か条目）ために必須である「基本方針」が、誤った知識で成り立っ
ているという、危機的な状況です。

　なお、この回答には養護教諭（保健室の先生）や栄養教諭をはじめ部
活動指導にあまり関係がない立場の回答者も含まれているので、職階別
の視点から管理職（校長、教頭・副校長）と教諭（主幹教諭、教諭）に
限って回答の傾向を見てみました。そこで驚くべきは、学校教育の法規

※１　筆者が代表を務める共同研究で、2017年11月から12月にかけて質問紙調査を実施しました。8112名に質問紙
を配布し、3982名から回答を得ました（回収率は49.1％）。分析結果の詳細は、『調査報告学校の部活動と働き方改
革──教師の意識と実態から考える』（岩波ブックレット、2018年）を参照してください。

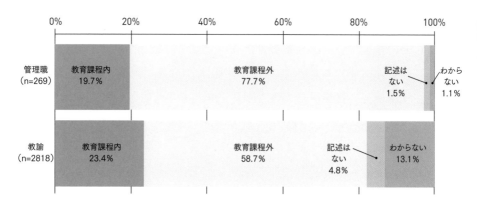

図1　学習指導要領における部活動の位置付け（管理職／教諭）　　出典：筆者作成

を熟知しているはずの管理職の誤答が、けっして少なくなかったことで
す。管理職の「教育課程内」という誤答は、19.7％にのぼります。教諭
の23.4％とそれほど大きな差はありません。「教育課程外」という正答
が教諭よりも19ポイント多かったことが、せめてもの救いです（図2）。
　管理職は、学校で部活動を行う場合には、当然その管理運営のあり方
について熟知していなければなりません。管理職選考試験では、教育法
規は重要事項だったはずです。部活動が「教育課程内」という誤解のも
とでは、生徒にとって部活動の強制性がきわめて高くなります。

（2）「自主性」だからこそ強制される

　実際のところ、部活は生徒全員の強制加入となっている学校が少なく
ありません。スポーツ庁の調査によると、公立中学校の32.5％が、生徒
全員を部活動に強制的に参加させています（スポーツ庁「平成29年度『運
動部活動等に関する実態調査』集計状況」）。3割にとどまっているとい
う点では部活動の強制は少数派ということになりますが、ここで問題な

のは、自主的なものが強制されている点です。自主的な活動であるから
には、原則すべての学校において強制参加は「0％」であるべきです。

　また強制ではないとしても、大多数の中高生が部活動に参加している
ことにも注目しなければなりません。スポーツ庁が2018年度の全国体力
テストに合わせて実施した調査によると、中学2年生において、男子は
運動部に77.0％、文化部に9.3％、女子は運動部に57.9％、文化部に32.3
％が所属しています（ごく一部ですが運動部と文化部両方に所属してい
る生徒もいます）。運動部と文化部を合わせると、男子と女子いずれも、
部活の加入率は約9割に達します（スポーツ庁「平成30年度全国体力・
運動能力、運動習慣等調査報告書」）。

　9割もの中学生が部活動に参加している。ということは、結局のとこ
ろ強制参加ではないとしても、部活動をやらなければならないという半
強制の空気があるものと考えられます。この実情は大学の部活動と比較
すると、よく理解できます。例えば九州大学における2015年6月の調査
では、体育の授業に参加した1年生の中で、高校時代に運動部に所属し
ていた535名のうち、大学でも運動部に所属しているのは209名（39.1％）
でした。大学に入った時点で、約6割は運動部から離脱しています（須
崎康臣・入部祐郁・杉山佳生・斉藤篤司（2016）「大学における運動部
の実態調査」『健康科学』第38巻、33〜41頁）。ここからは、選択の自
由が保障されれば、部活動には参加しない生徒が増えるのではないかと
いうことが想像できます。

　そもそも自主的であるはずの活動が、強制されている。この不思議な
現状について、部活動を研究の対象としてその戦後から現在までの変遷
をたどってきた早稲田大学・准教授の中澤篤史氏は、自主的だからこそ
強制されるという興味深い論理で説明しています。生徒にとって必須で
ある教育課程内の授業は、どうしても退屈になります。ならば、生徒が

自分の好きなスポーツに取り組むようにすればいいはずだ、と教師たち
は考えたのです。中澤氏は、「1980年代から、非行予防や生徒指導のた
めに『自主性』は逆手に取られて、部活は管理主義的になっていった」
（中澤篤史（2017）『そろそろ、部活のこれからを話しませんか』大月書
店、228頁）と整理しています。

　部活動がほぼ強制的なものになっているのは、まさに部活動は魅力あ
ふれる活動だと考えられているからです。授業とは異なり、何をやるか
は自分で選択できます。選択肢は限られているとはいえ、教師が特定の
部活動を押しつけてくることはありません。しかも同じ仲間で3年間に
わたって練習し、試合やコンクールに出場して、チームの連帯感が高ま
り、先輩と後輩関係も経験できます。こういったことは、強制的な授
業で味わうことは難しく、「自主的な」部活動でこそ味わえるものです。
だから、強制されるのです。

　以上のとおり、部活動は制度設計が不十分な、自主的な活動として長
らく運営されてきました。制度に絡め取られないところに部活動の魅力
があったのですが、それが現実的には子どもの安全を脅かし、子どもの
自由を奪ってきました。

　その意味で、教師には従来の学校教育とは異なる目線から、部活動を
問い直すことが求められます。ただ一方で、本章で言及した部活動の現
状は、学校ではもはや当たり前の風景になっています。残念ながら、学
校教育の当事者がみずからの経験や知識のみで、その当たり前に風穴を
開けるのは、容易ではありません。だからこそ、子どもの立場を尊重す
る観点から「子どもの権利とスポーツの原則」が確立されたことの意義
はとても大きいのです。あとは、そこに示された10か条の原則を学校に
伝えていくこと、学校教育の外界の住人が、子どもの安全や自由を守る

という人権の観点から、部活動のあり方を提言していくことが必要です。
それが私たちに課せられた使命です。

Profile　**内田 良**（うちだ・りょう）

名古屋大学大学院教育発達科学研究科准教授。専門は教育社会学。ヤフーオーサーアワード
2015受賞。著書に『ブラック部活動』（東洋館出版社、2017年）、『学校ハラスメント』（朝日新
聞出版、2019年）ほか。

4

インクルーシブとダイバーシティを謳う
「子どもの権利とスポーツの原則」

マセソン美季（パラリンピアン）

障害のある子どもにとってのスポーツ

　東京2020オリンピック・パラリンピック競技大会が開催されることで、パラリンピックスポーツに関する記事や番組を目にする機会が増えました。私が出場した1998年の長野大会の頃は、日本のパラリンピック報道元年と呼ばれました。パラリンピック関連のニュースがメディアで取り上げられることは少ない時代でしたし、「パラリンピック」という大会名そのものも浸透していませんでした。ところが最近は、パラリンピックという言葉を聞いたことがない人のほうが珍しくなりました。学校を訪問すると、子どもたちがパラリンピック競技種目のルールに詳しかったり、応援している選手の名前を挙げたりできるようにもなってきています。この20年でパラリンピックの知名度や認知度は、間違いなく変化したと肌で感じています。2020大会を機に国内各地でスポーツ振興に関するさまざまな計画も進められていますし、パラリンピックスポーツの体験イベントも頻繁に行われるようになりました。パラリンピックを「知る」「体験する」機会は増えたものの、障害のある人たちが「生涯スポーツ」として定期的に身体を動かしたり、スポーツに参画する習慣を定着させたりすることとは残念ながら結びついていないようです。

　2017年3月に策定された第2期スポーツ基本計画では、「成人のスポーツ実施率を週1回以上が65％程度（障害者は40％程度、7〜19歳の若年層では50％程度）となることを目指す」としていますが、2018年3月に笹川スポーツ財団が行った障害者のスポーツ参加促進に関する調査研究によれば、障害者（成人）の週1回以上のスポーツ・レクリエーション実施率は20.8％※で、障害のある人たちのスポーツ実施率は、依然として顕著に低い現状です。

　身体活動は、筋骨格系、呼吸循環器系、神経系、内分泌系など成長発達に必要不可欠ですし、子どもの頃から体を動かすという習慣が身につけば、生涯にわたる心身の健康基盤となります。体を動かす習慣や、スポーツへの参加が日常生活の一部になれば、健康の維持増進や生活習慣病の予防にも役に立ちますが、健常者に比べると低活動になりがちな障害者の場合は、より積極的に運動を生活に取り入れるよう注意しなければなりません。身体活動やレクリエーション、スポーツといった活動に参加すれば、体力の向上や、心身の健康につながるだけではなく、運動することで生活能力を高めたり、他者とのつながりを深めたりしてさまざまな経験を得るきっかけにもなり、社会参画も促されます。

　ところが、障害の状況や程度によっては、活動の場がかなり制限されてしまうという現状もあります。運動や身体活動を実現できる場所が身近にない。特別な用具がない。指導者がいない。医療関係者がいないなどの理由で、活動に参加することすら認めてもらえないケースもあります。スポーツにたどり着くまでに、越えなければならないハードルが複数存在するのです。数え上げたらきりがありません。さらに、障害のあ

※1　『地域における障害者スポーツ普及促進事業（障害者のスポーツ参加促進に関する調査研）』2018年3月（http://www.ssf.or.jp/Portals/0/resources/research/report/pdf/2018_report_40_01.pdf）

る子どもたちの場合は、自体はもっと深刻です。物理的な制約や慣習による制限以外にも、「うちの子には無理」「この子にできるはずがない」「危ない」「スポーツは一人前のことができるようになってからすればいい」など、周囲の大人たちの思い込みや間違った考え方も邪魔をします。本来、子どもの権利を擁護するはずの人たちが、スポーツをするという権利を剥奪してしまっているケースは少なくないのです。残念ながら、世界から「豊かな国」と称される日本も例外ではありません。

　障害のある子どもをスポーツに継続的に参加させたことで、身体能力が向上し、それまで必要以上に介助をしていたことがわかったという親子。環境が整っていれば、社会的な自立が可能だということに気づくことができたという例。また、障害児自らが考えて行動できるように変化していった例などが浸透し、障害のある子どもたちのスポーツの価値が受け入れられ、理解されるようになる必要性を感じています。

　障害のある子どもたちが体育の授業に参加できる機会は増えてきているようですが、普通校でスタッフの対応や理解が十分でない場合、「安全性の配慮」を危惧し、見学や得点、計測係などに活動が制限され、自らの身体運動にはつながらないケースが少なくありません。一方、特別支援学校も課題を抱えていて、2007年に学校教育法で特別支援教育が位置付けられてから、重度・重複障害児が増え、集団スポーツの難しさを指摘する声も増えているようです。また、普通校と特別支援校どちらにも共通する課題として、就学後の運動や身体活動の場が活動が学校に限定されてしまった場合に、卒業を機にスポーツからドロップアウト、つまり身体活動の機会がなくなり、運動不足に陥るという課題も見えてきています。学校体育として、障害の有無や程度などにかかわらず、スポーツを楽しむことができるようインフラの整備をするだけでなく、インクルーシブな考えに基づく教育プログラムが必要だと痛感しています[※2]。

インクルーシブな考え方とエンゲージメント（対話）の推進

　私は小さな頃から教員になることを目指していました。体育教師を目指していた大学1年生の時、突然の交通事故で車椅子の生活を余儀なくされました。今のようにパラリンピックが知られていない時代でしたし、身近に車椅子で生活している人もいませんでした。「大好きだったスポーツは、もうできなくなってしまう」という不安に苛まれ、将来が見えなくなってしまったことを鮮明に覚えています。自分の足で歩けなくなるという事実は、思ったよりすんなりと受け入れたものの、車椅子でスポーツができると知らなかった私は、自分の中のアスリートというアイデンティティを失い、同時に夢や希望、目標も泡のように消えていきました。

　そんな私を救ってくれたのは、大学に復学するという選択肢を用意してくださり、車椅子で生活するようになった私を快く迎え入れてくださった先生方と、寄り添って支えてくれた友人たちでした。それまで当たり前にできていたことができなくなり、自信を失いかけていましたし、下半身不随という自分の身体にも慣れていない時期でした。車椅子ユーザーが、バスケットボールや陸上競技をする姿は、病院のリハビリで見たことはありましたし、自分で練習に参加したこともありました。でも、障害のない友達と、車椅子を使っている私が、体育の授業で一緒に活動する様子というのは想像したことがありませんでした。

　私の不安をよそに「見学じゃなくて、美季も一緒にしっかりやるんだ

※2　金山千広・土肥沙綾（2015）「学校基本統計（文部科学省）小学校・中学校におけるアダプテッド・スポーツの現状」『体育の科学』65巻、129 ～ 137頁

ぞ」そう言って、ソフトボールの授業が始まりました。2人1組でキャッチボールを始め、最初は私の後ろにこぼれ玉を拾う友達がついてくれましたが、ソフトボール部の上手な子が相手をすれば、球は取りやすいところに投げてもらえるだろうとペアを変え、スムーズに活動ができました。バッターの時は、ボールを打ちますが、足場の悪い校庭で転ばないように全速力で走るのは難しいからと、代走をつけていいルールに変えてもらいました。先生もクラスメイトもみんなで「どうすれば授業に効率よく参加できるか」「満足できる活動になるか」を考えながら授業を受けていました。当時は、特別ルールを考えたり、みんなと違う方法で活動することに「申し訳ない」と思う気持ちも少なからずありましたが、スポーツを通して小さな「できた！」「これなら大丈夫」という自信が貯金されたことで、私の自己肯定感は着実にアップしていったことを覚えています。

　私はスポーツからさまざまな影響を受けましたし、多くを学びました。子どもの頃からいつも、私の生活にはスポーツがありました。どんな状況の子どもたちにもスポーツの楽しさを伝えられる体育の先生になりたいと思い、車椅子で体育の教員免許も取得しました。教育実習先では、車椅子に乗った体育の先生に生徒たちは驚いていましたが、それでも無事に3週間の実習を終え、クラス全員のハードル走のタイムを上げる、という目標も達成できました。

　スポーツで自信を取り戻し、生活に夢や目標ができた私は、気がつけばパラリンピックという舞台を目指していました。パラリンピックは、「できないことではなく、できることに目を向けることの大切さ」「想像力を働かせて、工夫する柔軟な考え方」「物の見方を変えられれば、人生はもっと豊かになる」ことを教えてくれました。

　卒業し、教員になった友人たちからは、「あの時、一緒に色々工夫す

る経験をしていたから、現場でものすごく役に立っている」という話を
何度か聞きました。私たちが授業を通し、対話を重ねながら身につけて
いったインクルーシブな考え方は、さまざまな場面で応用の効く万能な
道具だったのです。

スポーツを通したダイバーシティ（多様性）の理解と尊重

スポーツには、世界を変える力があります。南アフリカで人種隔離政
策の撤廃に生涯をささげ、ノーベル平和賞を受賞したネルソン・マンデ
ラ元大統領の言葉のように、「それまで絶望しかなかったところにさえ、
希望の火をともす力」があります。マンデラ元大統領の言葉にもあった
ように、まさに「希望の火」を灯してくれたのがスポーツでした。

私は今、日本財団パラリンピックサポートセンターでプロジェクトマ
ネージャーとして国際パラリンピック委員会の公認教材『I'mPOSSIBLE
（アイムポッシブル）』の開発や普及活動に取り組んでいます。パラリン
ピックを題材に、共生社会への気づきを子どもたちに促す教材です。イ
ンクルーシブな社会を構築するためには、インクルーシブな考え方を持
った子どもたちを育てることが大切と考えました。学校教育を通して、
パラリンピック教育を浸透させるため、2017年から無償で教材の配布を
始め、全国およそ3万6000校の小学校、中学校、高等学校、特別支援学
校などにお届けしています。

知識を与える教育ではなく、意識を変えるのが目的で、「体験や気づき、
対話を通した学び」を実現できる内容になっています。この教材を現場
で使っていただく中で、思わぬ効果がありました。「障害」という言葉
に付随するネガティブな印象を払拭したり、「できない」と思ったこと
も簡単にあきらめず、「どうしたらできるようになるだろう」と考える

習慣をつけたり、パラリンピックに秘められたさまざまな工夫や発想の転換を伝える活動の中で、「体育嫌い」の子どもたちが笑顔になれる教材、という感想が届き始めたのです。スポーツが遠い存在になりがちなのは、障害のある子どもに限ったことではありません。運動嫌い、体育嫌いは多くの学校で問題になっています。

　例えば、ゴールボールという視覚に障害のある選手たちのために開発された3対3の対面型の球技は、アイマスクをして競技をします。ほとんど誰も体験したことのない競技ですし、運動神経が良く、体育の時間に普段目立っている子たちがあまり目立たないそうです。その代わり、運動は苦手と言っていたのに、耳を研ぎ澄ませるのが得意な女の子が大活躍する場面がありましたという報告がありました。また、重度の四肢機能障害や脳性麻痺の人たちのために考案された「ボッチャ」という競技は、学年にかかわらず一緒に楽しむことができるので、異学年交流や地域の方たちとの交流にも役立ち、みんなが笑顔になれるスポーツだという感想も届いています。

　多様性を尊重し、インクルーシブな社会づくりが喫緊の課題である今日、誰もが参加できるようなスポーツの機会を創出し、その場を上手に活用すれば、さまざまな問題が解決していくだろうと明るい未来をイメージすることができるようになりました。スポーツの力で、社会をそして世界をより良いものに変えることができると信じています。

　スポーツの語源「deportare（デポルターレ）」には、日々の生活から離れ、遊んだり、気晴らしをしたり、休養したり、楽しんだりすることで「憂いをとりさる」という語感があるそうです。

　健康な肉体だけでなく、全人的に健全な成長を促すために、全ての子どもたちが全てのライフステージにおいてスポーツに参画する機会に恵まれ「気晴らし」や「楽しみ」につながる身体活動に参加できるよう、

願ってやみません。スポーツから負の影響を受けることなく、スポーツを通して成長する。そんな彼らが私たちの未来の担い手になった時、本当に豊かな社会が醸成できると信じています。

「子どもの権利とスポーツの原則」が策定されたことで、障害のあるなしにかかわらず、全ての子どもたちが、スポーツの価値を安心・安全、そして最大限に享受できる体制が整ったのは、大変素晴らしいことです。今後、この原則が広く普及し、浸透していくことを強く願っています。

Profile **マセソン美季**（ませそん・みき）

2018年より国際オリンピック委員会、国際パラリンピック委員会の両教育委員会の委員を務める。スポーツを通した共生社会の構築に向けた活動に従事。1998年長野冬季、アイススレッジスピードレース金メダリスト。

II

「子どもの権利と
スポーツの原則」
実践のヒント

5

限られた時間の練習で大丈夫？
：全国有数のバスケットボール強豪校の顧問に聞く

聞き手／まとめ：飯田研吾（弁護士）

　全国中学校バスケットボール大会女子で、2016年度・2017年度と2年連続で優勝を飾った埼玉県春日部市立豊野中学校。全国でも有数のバスケットボール強豪校です。

　注目すべきはその練習時間。夏でも18時、冬に至っては16時30分〜17時（月によって異なる）までという部活動終了時間（開始時間はいずれも早くて16時）を厳守しています。このような限られた時間で成果を上げるポイントはどこにあるのか。同バスケットボール部の顧問を務める田中英夫先生にポイントを伺ってきました。

自主性を育む

　豊野中学校バスケットボール部の練習の最大の特徴は、部員の自主性を重んじ、練習方法を部員たちが話し合って決めていること。

「最低限の基本的なことを教えたり、練習方法を紹介することはあるものの、実際に試合で実践するのは部員たち自身なので、自分からは指示しません。いくら長い時間の練習をしたって、顧問が言いたいことを言って試練を課してストレスを与えても、何も生まれないし、何も身につ

かないですし。自分たちで考え決めた練習だから、きつい練習であって
も納得して一生懸命に取り組む。練習時間も短いものの、逆に、この時
間だけ頑張れば終わるんだ、と集中することができ、切り替えも早くな
ってメリハリもつく。まさに一石二鳥の練習方法です。」

　このような自主性を重んじる練習方法をそう簡単に部員は受け容れる
のか、当然、気になるところですが、部員たちには反発や戸惑いはなか
ったと言います。

「部員たちは、ちょっとした情報やヒントを与えると、例えば、残り3
分で1点差で負けていてマイボールの場面とか、自分たちでさまざまな
シチュエーションを想定し、練習方法のアイディアを出し合っています
よ。時代の影響もあるのでしょう。自分たちでインターネットなどを通
じて練習方法を調べてメニューを考え実践しています。そうした練習の
中には、笑いがあったり明るさがあったり、爽やかさがあるんです。」

　部員たちが互いに意見を出し合い、自分たちで練習方法を話し合うこ
とで、仲間同士のコミュニケーションの構築にも役立っているようです。

成功のポイントはコミュニケーション

「練習時間は短いながらも、部活動以外の場面でも、積極的に生徒と接
してコミュニケーションをとる機会を大切にしています。顔を合せて対
話する時間を作ること、目を合せて何か言ってあげること、というのは
非常に大切で、そういう時間を増やすことが信頼関係を構築し、最終的
には部員にとって安心できる存在になることを目指しています。」

部員とのコミュニケーション
ツールとして田中先生が使って
いるのが、「バスケットボール
ノート」。書かなければならな
い内容は特に決めていないよう
ですが、練習内容や試合の分析、
課題や反省点などを部員が書い
て提出し、田中先生が読んで、
時にはコメントする、というも
のです。

顧問の田中英夫先生

「部員自身のためにもなり、私
にとっても、部員の声を聞くこ
とのできる良いツールになって
います。」

バスケットボールを通じた人づくり

　田中先生も、かつては、練習内容などについてあれやれこれやれと細
かな指示を出していた時代もあったと言います。それがなぜ、このよう
な自主性を重んじる練習方法に転換されたのでしょうか。
　田中先生は、部活動は、子どもの自己実現のための一手段と捉えてい
ます。

「バスケットボールに限らずスポーツというのは自分の限界へ挑戦する
もので、そこには体力的な辛さがあります。また、仲間とのコミュニケ

ーションづくりの中でうまくいかないことや葛藤もたくさん出てきます。（子どもたちは）そこを乗り越えることで人として成長し、身体的な強さだけでなく、心・精神面の強さをも身につけることができる。そういった意味で、中学校におけるバスケットボール（スポーツ）は、自分自身を高める一手段、自己実現のための一つのツールであり、高校・大学・社会人と将来につながるための通過点に過ぎないと考えているのです。」

「では、子どもの成長のために、子どもらしさを見つけ出す、引き出すにはどうすべきか。そう考えた時、（いちいち口を出さずに）見届けること、子どもを信じて待つことが大事だと気が付きました。こちらが子どもを信じれば、子どもはそれに応えてくれる。そうすることで、より良い人間関係も構築されます。（子どもたちが）問題に直面した時に、大人が入ってしまえばすぐに解決してしまうかもしれない。しかし、そこをぐっと我慢し、子どもたちだけで解決させる、解決のためのヒントを与えて考えさせる、子どもたちだけで話し合いをさせる。そうすることが、『こころ』を育て、人としての成長を生むんですよ。」

　田中先生は、優先順位として、まず第一に家庭があり、その次に学校があると。そして学校生活の中で、一番大切なのは授業で、二番目が学級や委員会、そして最後に部活動があると考えています。授業を大切にするというコンセプトのもと、毎日必ず机に向かうために、「何でもいいから、大学ノート2ページ分は勉強しよう！」と声をかけているそうです。

「もっとも、部活動の優先順位が最後だからといって、目標を低く設定

しているのではありません。やるからには勝ちたい、優勝したいと目標は高く掲げ、そこに向かって限られた時間の中でどうすれば勝てるのか、どういう練習をすればよいのか、などと考えることが、さらなる成長を生み出しているのです。」

田中先生は、「子どもは裏切る存在で、子どもは自分の思うようには育たないし、動かない」と言います。

「成長過程で間違いや失敗は絶対にあることで、そういう場面に出くわしたら正してあげればよいのであって、とにかく信じて見届けることが重要なのです。」

保護者との関係

部活動やスポーツチームなどの指導者による暴力の背景には、保護者の存在や影響も無視できません。良い成績を残させてあげたいと思うあまり、長時間練習や行き過ぎた指導を容認し、さらにはそうした指導を指導者に強いることすらあります。

田中先生は、保護者との信頼関係の構築に重要なのは、指導者としての自身の考えをしっかりと伝えておくことだと言います。

「バスケットボールは人づくり、人間形成、自己実現のための一手段に過ぎないこと、そういったコンセプトのもとで部活動を行っていることを事前にペーパーにして保護者に配付して伝えています。」

部員たちとの間だけでなく、保護者との間でもコミュニケーションを

大切にすることで、これまでに保護者とのトラブルや反発はない、と言います。

＊＊＊

インタビューの終了後、実際の練習風景も見せてもらいました。驚いたのは練習場所の狭さ。体育館の半面（バスケットコート一面分）を男女のバスケットボール部で半分ずつに分け合い練習していました。決して恵まれた練習環境とは言えない場所で、みな一生懸命に明るい表情で、自分たちで考えた練習メニューを行っていました。

コート脇で練習を見ていると、誰に言われるでもなく、部員の方が笑顔で椅子を持ってきてくれました。この笑顔を見て、部員はやらされているのではなく、自分で考えて行動しているのだなと、田中先生が育んでいる自主性の一端を垣間見た気がします。

Profile　**飯田研吾**（いいだ・けんご）

弁護士／兼子・岩松法律事務所所属。取扱分野は、スポーツ法務、医療関連法務（医療機関側）、会社法関連法務、その他一般民商事等。日本スポーツ法学会事務局次長（2020年〜）。著書に、『スポーツの法律相談』（共著、青林書院、2017年）、『Q&Aでわかる アンチ・ドーピングの基本』（共著、同文館出版、2018年）ほか。

6

「うちの子が、なぜ試合に出られないか」
にどう応える？

土屋裕睦（大阪体育大学教授）

はじめに：コーチの役割

　もしあなたがコーチだったら、以下の3名のうち、どの選手を試合に出しますか？

- とても上手で、試合で活躍してくれそうなA選手
- 休まず練習に参加して、いつも頑張っているB選手
- あまり上手でもなく、練習も休みがちなC選手

　チームが試合で勝利することが大切なら、A選手を選ぶのがいいかも知れません。ただ、スポーツを通じて努力することの大切さを学んでほしいと願うコーチなら、心情的にはいつも頑張っているB選手に試合に出てもらいたいと考えるかもしれません。

　どの選手を選ぶのかは、コーチがスポーツ指導を通じて何を大切にしようとしているのか、すなわちビジョンや戦略によって決まります。対象者の年代や競技レベル、種目の特性など、コーチが考慮すべき要因はさまざまですが、コーチが果たすべき役割は、共通して以下の6つであると考えられています（国際コーチングエクセレンス評議会）。

①ビジョンと戦略の設定

②環境の整備

③人間関係の構築

④練習指導と競技会への準備

⑤現場への理解、対応

⑥学習と反省

誰を選手に選ぶかは、①に関連しています。つまり、チームや個人の状況に合わせてチームのビジョンを定め、それをどのように達成するかに関係しています。それを実現できるよう、コーチは、②プレイヤーのために良い環境を整え、③チーム内で円滑な人間関係を構築する必要があります。そのうえで、④効果的な練習を通じて試合への準備を進めます。その際、⑤プレイヤーや保護者のニーズを理解し、⑥自身の取り組みを振り返りながら学び続けることが必要です。

もし仮に、試合に出られなかったプレイヤーの保護者から「なぜうちの子が試合に出られないのか！」と問われたら、その理由を丁寧に説明し、納得してもらえるよう適切に対応することが必要です。コーチは日頃から、上記①〜⑥の役割をしっかり果たしていないと、プレイヤーや保護者の理解は得られなくなります。

プレイヤーや保護者の理解を得るために、どのような選手を試合に出すのかという基準は、プレイヤーだけでなく関係する保護者にも予め周知しておくといいでしょう。場合によっては、折にふれてプレイヤーや保護者と一緒に、①チームのビジョンや戦略を話し合い、③人間関係を構築しながら、ともに基準を作っていくのも有効かもしれません。そのことにより、⑤現場への理解が深まり、適切な対応ができるようになると考えられます。

グッドコーチに求められる資質能力

　これらの役割を担うグッドコーチには、スポーツ指導にかかわる専門的な知識だけでなく、プレイヤーの権利を尊重する思考・判断や、プレイヤーと適切な関係を築くための態度・行動が求められます。

　図1は、日本スポーツ協会（当時は日本体育協会）が策定した「グッドコーチに求められる資質能力」の概念図です。この概念図は、新しい時代にふさわしい、グッドコーチになるためのモデル・コア・カリキュラムを開発するために作成されたものです。

　このモデルの中心（コア）にある思考・判断、態度・行動は、「人間力」とも呼ばれ、コーチングの理念や哲学（スポーツの意義や価値、理論や規範、他）、対自分力（多様な思考、セルフコントロール、他）、対他者力（コミュニケーション能力、関係者との信頼関係の構築）の3つから成り立っています。それをもとに、さまざまな種目に共通する知識・技能

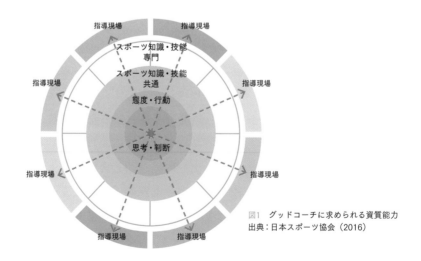

図1　グッドコーチに求められる資質能力
出典：日本スポーツ協会（2016）

を身につけたうえで、実際の指導現場ではその種目や対象者のニーズに
合った専門的な知識・技能が必要であると考えられています。

　スポーツ指導に共通する知識・技能には、競技スポーツだけでなくレ
クリエーションや健康スポーツなどあらゆるスポーツ活動が含まれます。
同時に、ライフステージに応じたコーチングやプレイヤーの特性に応じ
たコーチングも重要視されており、特にジュニア年代のプレイヤーの発
育・発達に関する知識、心身の健康の維持増進に役立つスポーツ指導の
知識は、すべてのコーチが学ぶべき、必須の科目であると位置付けられ
ています。

　このモデル・コア・カリキュラムは、2012年の体罰問題がきっかけで
作成されたものです。この事案では、大阪市立高校の部活動において顧
問（コーチ）の体罰を苦にプレイヤーが自殺をしたことに端を発しまし
た。このコーチは保健体育科の教師であり、またバスケットボール指導
の専門家でしたが、勝利を求めるあまり生徒の人権をないがしろにして
いることから、コーチングの中核にあるべき思考・判断、態度・行動は
間違ったものであったと考えられます。このような事案を二度と起こさ
ないためにも、コーチには技術指導の専門的知識の前に、プレイヤーの
権利や人権を尊重する「人間力」が必要であると考えました。言い換え
れば「プレイヤーズ・センタード」なコーチングです。この考え方は、
現在、日本スポーツ協会の公認指導者資格を中心に、すべてのコーチの
資質能力を育成する指針となっています。

プレイヤーの権利

　前述の通り、コーチに求められる資質能力の中心には、「人間力」す
なわち、コーチングの理念や哲学があることを確認しました。コーチン

グの理念や哲学は、コーチの独りよがりのものであってはならず、プレイヤーの権利尊重の観点から、コーチ自身の内省的な振り返りにより、常に点検・評価されていなければなりません。特にジュニア年代の指導にかかわるコーチは、すべての子どもたちにスポーツを楽しむ権利があることを認識し、「原則」にある通り、以下に努めなければなりません。

①子どもの権利の尊重と推進にコミットする
②スポーツを通じた子どものバランスのとれた成長に配慮する
③子どもをスポーツに関係したリスクから保護する
④子どもの健康を守る
⑤子どもの権利を守るためのガバナンス体制を整備する

　コーチは技術指導の場面など、子どもたちに対して指示や命令をすることが少なくありませんが、彼らにとって最善の利益は何か、そして彼らの意見を尊重しているかどうかを常に確認しましょう。またスポーツの技能ばかりに着目し、子どもを上手か下手かで差別してはいないか、心身ともにバランスのとれた成長に配慮した活動になっているか、常に自身のコーチング行動を振り返る必要があります。指導する立場にあるということは、子どもの権利を侵す可能性が高いことを認識しなければなりません。

　そのような認識が欠けると、勝利至上主義の下で体罰や暴言が横行したり、過度な練習でスポーツ傷害やバーンアウト（燃え尽き症候群）を起こしやすくなったりします。このような指導は、子どもの権利を侵すものです。だからこそ、コーチングの理念や哲学が独りよがりになっていないか、広く社会に受け入れられるものかどうか、絶えず実践を振り返り、内省することが必要です。

　また、保護者の中には、わが子をトップ選手に育てようとスポーツ
医・科学の常識から逸脱したトレーニングを行わせている例があります。
わが国では中学校の運動部活動におけるガイドラインが策定され、そこ
には週2日以上の休養をとることが明記されていますが、せっかくこの
ようなガイドラインができたにもかかわらず、部活動に加え連日スポー
ツクラブに通わせているような例が少なくありません。

　子どもの健康を守る立場からも、上記①〜④までの原則をクラブ内で
どのように実施するのかの基本方針を決定し、チーム内外で公表するこ
とが有効になります。そのことは、⑤子どもの権利を守るためのガバナ
ンス体制の整備にもつながるはずです。

おわりに

　スポーツ基本法には「スポーツを通じて幸福で豊かな生活を営むこと
は、すべての人々の権利」であると、明確に謳われています。初めて組
織的なスポーツ活動に触れる子どもたちが、生涯にわたって幸福で豊か
な生活を送れるようなコーチングとはどのようなものでしょうか。

　改めて、冒頭の例を見てみましょう。この例では、C選手を試合に出
す、という意見はあまり浮かばなかったかもしれません。ただし、C選
手はあまり上手でもなく、また練習も休みがちな様子でした。もしかす
ると、このクラブの中でA選手やB選手に比べて、一番スポーツを楽し
めていないのではないか、という見方もできるかもしれません。

　もしそうであれば、せっかく練習に出てきた日に、思い切りスポーツ
を楽しんでもらえるよう、C選手に試合の出場機会を与える、という選
択肢があってもいいかもしれません。上手かどうか、努力しているかど
うかの他に「皆がスポーツを楽しめているかどうか」という視点は、つ

いつい忘れがちです。

　とはいえ、前述のとおりこの決定がコーチの独断であってはいけません。C選手が試合に出場した時に、A選手やB選手など他のプレイヤー、そしてその保護者たちがそれを歓迎するような仕組みづくりが必要です。そのためにも、チームのビジョンや戦略づくりには、それにかかわるプレイヤーや保護者のニーズが反映され、周知されていることが大切でしょう。

　スポーツの意義や価値は多様です。子どもを取り巻く社会も変化し続けています。だからこそ、コーチは学び続けなければなりません。その学びを深めるためにも、スポーツ活動に飛び込んでくれた子どもの権利をしっかりと守りましょう。そして彼らが、生涯にわたって幸福で豊かなスポーツライフを営めるよう、自身のコーチングスキルを高めていきましょう。

「学ぶことをやめたら、教えることをやめなければならない。」

　前フランスのサッカー代表監督、ロジェ・ルメールの言葉にすべてが集約されていると考えられます。

Profile　**土屋裕睦**（つちや・ひろのぶ）
大阪体育大学体育学部教授、学長補佐。博士（体育科学）。公認心理師。スポーツ心理学会副会長。日本オリンピック委員会アントラージュ部会員および科学サポート部門員。著書に『ソーシャルサポートを活用したスポーツカウンセリング』（風間書房、2012年）ほか。

「投球制限」だけじゃない

石川智雄（新潟県青少年野球団体協議会副会長）

はじめに

　新潟県高等学校野球連盟（以下、新潟県高野連）が発信した「投球数制限」は、日本高校野球界全体に一石を投じる形になりました。新潟県高野連は、高校生の障がい防止のためだけでなく、野球人口の減少に関わる問題や小中学生のことなど、野球の未来を考えた末の決断だったと聞いています。「投球数制限」という言葉がクローズアップされていますが、スポーツ界全体および野球を取り巻く環境や課題を認識し、野球の未来について本気で考えなければならない時期であるという危機感からの行動であり、その背景には新潟県青少年野球団体協議会（NYBOC）における取組がありました。

新潟県青少年野球団体協議会（NYBOC）とは？

①設立目的

　新潟県内の青少年野球に関わる全団体が密接な連携を図ることにより、健全な青少年の育成を目指すとともに、野球の普及振興と発展及び競技力の向上を目指して設立しました。

②加盟団体

野球団体10、医療団体1　計11団体

③歩み

2011年、新潟県青少年野球団体協議会（NYBOC）が発足しました。発足に結びつく事前の動きとして、2009年、「医療と現場の交流」のシンポジウムをきっかけに、新潟県高野連と県中体連野球専門部らが中心となって、医療現場と協力して「野球手帳」の作成を開始しました。

2010年に中学生層の4団体（中体連、リトルシニア、ヤング、ポニー）と新潟県高野連で組織した協議会が発足しました。野球投球障がい防止の観点からも、小学生層との連携が不可欠との声で、翌年「野球手帳」の配布と啓発活動のため、高校生以下世代の野球団体と医療団体がまとまり、組織化するに至りました。発足後、県内で新たに立ち上がったボーイズリーグ、女子野球連盟も加盟し、現在の形になっています。

そして、2019年に弁護士3名、スポーツ法学会事務局員1名を理事に加え、各種ハラスメントの未然防止やコンプライアンス向上を全団体の共通理解と共通実践を目指した活動を新たにスタートしたところです。

構成一覧

（一社）新潟県野球連盟

（公財）新潟県スポーツ協会新潟県スポーツ少年団

（公財）日本リトルリーグ野球協会信越連盟新潟ブロック

（一財）日本リトルシニア中学硬式野球協会信越連盟新潟ブロック

（公社）日本ポニーベースボール協会関東連盟新潟ポニーベースボールクラブ

　（一社）全日本少年硬式野球連盟北日本支部新潟ヤング

　（公財）日本少年野球連盟長野県支部新潟ボーイズ

　新潟県女子野球連盟

　新潟県中学校体育連盟軟式野球専門部

　新潟県高等学校野球連盟

　（一社）野球障害ケア新潟ネットワーク

　弁護士・日本スポーツ法学会事務局員

主な取組

(1) 「野球手帳」の作成・配布・活用（2012年〜）

　成長期のスポーツ障がいの対応、特に野球肘防止についての情報等をまとめたもので、小学5年生から高校生のすべての選手がもっており、検診時や受診時に持参提示し、記録するものです。

　「平成24年度　運動器の10年・世界運動普及啓発推進事業」の最高位「日本賞」を受賞しました。

(2) 「21C型穂波（にいがたほなみ）プロジェクト」の推進

　野球を取り巻く環境の変化に伴う現状と課題を踏まえ、「始めよう！楽しもう！　続けよう！」をスローガンに「野球を通じた友情の育成」と「スポーツ障がい」予防の推進を目指した活動で、2015年から主に以下の3つの柱で活動しています。

①野球サミットの開催

　小・中・高の指導者が一堂に会し、県野球界の課題及び今後の活動や目指す方向性を研修会を通じて共有するとともに、競技団体の壁を越え

親睦を深めることを目的に3年に1回開催しています。第1回は2016年に日本ハムファイターズの稲葉篤紀SCOをお招きし、新潟メソッドの発表や野球障がい防止研修等を行いました。第2回は2018年に日本ハムファイターズ栗山英樹監督、長島三奈さんをお迎えし、「野球の未来とスポーツマンシップ」をテーマに開催しました。

②新潟メソッドの作成と普及

　全団体の共通理解のもと、小学生から高校生までにすべての選手及び指導者が目指すべき野球の姿を1冊にまとめたもので、所属チームすべてに配布し、普及と啓発活動に努めています。

③野球障がい予防検診と研修会の開催

　野球障害ケア新潟ネットワークが中心となり、検診活動を県内全域で開催しています。あわせて、「新潟野球フェスタ」を2日間にわたり開催し、検診の他にも講演会や研修会、野球教室を実施するなど、2018年度は1200名を超える参加がありました。

（3）その他の取組から

①アンケート調査

　2016年から年2回（入団・入部時と卒団・卒部時）継続して実施しています。約20項目の調査を行い、分析した結果を各団体の取組の改善にいかしてもらうようにしています。

投球制限はあったほうがいい（2018年度各チーム1回答）

	小学生層	中学生層	高校生層	計	導入に肯定的
そう思う	55	106	15	176	85.2%
どちらかというと そう思う	33	59	37	129	導入に否定的
どちらかというと そう思わない	3	12	18	33	14.8%
思わない	9	3	8	20	

野球をやる中での悩み（卒団・卒部対象の3年間合計）

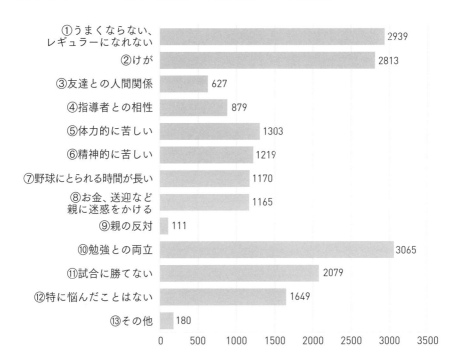

①うまくならない、レギュラーになれない　2939
②けが　2813
③友達との人間関係　627
④指導者との相性　879
⑤体力的に苦しい　1303
⑥精神的に苦しい　1219
⑦野球にとられる時間が長い　1170
⑧お金、送迎など親に迷惑をかける　1165
⑨親の反対　111
⑩勉強との両立　3065
⑪試合に勝てない　2079
⑫特に悩んだことはない　1649
⑬その他　180

0　500　1000　1500　2000　2500　3000　3500

野球をやってよかったこと（卒団・卒部対象の3年間合計）

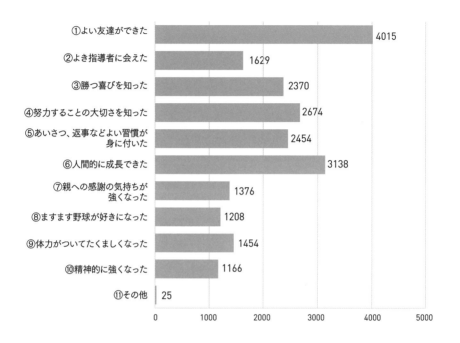

② 「チェンジ！　チャレンジ！　プラス1」

　2018年度に各チームや団体に対して新たな取組一つ以上にチャレンジするキャンペーンを実施しました。特に多かった取組は、以下のようになりました。

1位	ベンチ入り全員の試合出場・再出場	138チーム
2位	保護者のお茶出しNG	118チーム
3位	投手の投球制限のルール化	108チーム

これからの課題

　「T字体制の確立」を目指します。各団体の役員の共通認識は確立していますが、指導現場での実践が今後の課題です。簡単なことではありませんが、地道に一歩ずつ、粘り強く継続した取組を行っていきます。

　また、全団体共通のアンケートとは別に、新潟県高野連と県中体連では独自のアンケートを実施しました。その中で「投球による痛みの原因」として、「投球フォーム」と答えた割合が中、高校生ともに47％、ついで「投げすぎ」と答えた割合が中学生26％、高校生33％でした。投球制限の制度化がゴールではありません。選手の健康と楽しく野球を継続できるようにするための障がい防止を目指し、検証をもとに対応策を講じていきます。具体的には、指導者対象の「痛みのリスクが少なく効率的な投球フォーム」の講習会の開催を計画しています。また、「スポーツマンシップと野球」に関する講習会を指導者、選手を対象に実施し、スポーツの価値を理解し、自ら実践できる選手や指導者の育成を目指します。

おわりに

　「誰かが歯車を回せばみんな回り始めるが、誰かが止めると全部の歯車が止まってしまう。みんなの力を合わせれば、歯車の回転も早くなる」先日の役員会で確認されたことです。大きな団体組織ですが、各組織や個人がどれだけ当事者意識をもって臨めるかがポイントであることを改めて考える機会になりました。

　新潟メソッドを発行し、全団体共通の指標ができた意義は大きく、現場においても使用球や団体の垣根を越えた活動につながっています。ス

ポーツの意義をより深く理解し、スポーツで青少年を育成する取組を今
後も継続していきたいと考えています。

Profile　**石川智雄**（いしかわ・ともお）
長岡市市民協働部スポーツ振興課。新潟県青少年野球団体協議会副会長。新潟県野球連盟副理
事長。前（公財）日本中学校体育連盟軟式野球競技部長（2015 〜 2017年）。

指導者にルールはないのか？

野瀬清喜（全日本柔道連盟副会長）

日本柔道界の現状

　2012年ロンドン五輪後、全日本柔道連盟（全柔連）では、五輪代表女子監督のパワハラや暴力が社会的問題となり、翌年2月に女子監督と強化担当理事が辞任しました。同年3月には日本スポーツ振興センター（JSC）からの助成金の不正受給問題が発覚、その後、理事のセクハラ問題などさまざまな経緯を経て、8月にようやく当時の会長が率いる全理事の退任が決まりました。執行部総退陣のきっかけは、内閣府からの改善勧告によるもので組織の自浄作用ではありません。

　その後、全柔連は新任の宗岡正二会長（当時、新日鐵住金会長）、山下泰裕副会長のもと、コンプライアンス委員会・アスリート委員会等を設立し、暴力根絶運動・柔道MIND活動などを通じて組織改革に取り組みました。現山下会長体制では、内閣府から「スポーツ団体の範たる組織」という評価をいただいています。選手強化体制においても選手と年齢の近い井上康生男子監督、増地克之女子監督らスタッフの好采配もあり、代表選手たちは順調に競技力を伸ばしています。

スポーツ団体におけるガバナンス

　当時の全柔連ではさまざまな問題が表面化してから、執行部が責任を取り辞任するまで半年以上の時間を要しました。なぜ、スポーツ団体や組織は、このように不祥事に対する自浄作用を持たないのでしょう。全柔連で執行部総退陣という前代未聞の出来事があった後もさまざまな団体で問題が起こっています。

　近年でも、レスリング、アメリカンフットボール、体操女子、ボクシング、大相撲、テコンドーなど、選手に対するパワハラ、助成金の不正受給、暴力等の問題が次々に起こっています。その原因と考えられる組織の問題点をいくつかあげてみたいと思います。

　第一は権力の集中です。一部の人間に権力が集中し、気づかないうちに独断で物事を進めていく。組織として風通しが悪くなり、「透明性」や「説明責任」もないまま、人事やルールまでもが変更されてしまう。気がつけば周囲はイエスマンのみ、まさに組織のガバナンスの問題です。このような組織は、不祥事の初期対応でも「臭い物には蓋」「時間がたてば沈静化する」的対応をする傾向が強く改革が必要と言えるでしょう。

　第二は、執行部の長期政権や高齢化による感覚のズレです。昭和世代の根性主義的な指導や組織運営。欧米のフェアプレー・アスリート第一主義・子どもたちの人権尊重などの新しい価値観に目を向けないリーダー。パワハラに関しては時代とともに定義が変わるかもしれませんが、暴力は「昔は許された」などということはありません。昔も今も犯罪です。多くの優秀なスポーツ指導者や社会のトップで活躍するリーダーは、暴力のない世界で育っています。

　第三は、スポーツ指導者の多くが文書に目を通したり、本を読んだりしないことです。自身が受けた経験主義的な指導を何十年も繰り返し、

合理的な指導法やスポーツ科学に目を向けようとしない。地域の指導者を含めて競技団体が発行する資料やホームページの安全指導やパワハラ防止などの文書を精読し、最新のスポーツ科学にも興味を持つ習慣を身に付けるべきです。

第四は、勝利至上主義の偏重です。「勝てば和が保てる」とプロ野球昭和の名将が言いました。スポーツ団体自体が勝つことにのみ重きを置きすぎていないでしょうか。物事には「光と陰」「表と裏」の部分があります。オリンピックや世界選手権、主要な国内競技会は、まさに光の当たる表の部分です。しかし、これらの競技会で活躍する選手たちには、幼少期を支えた地域の指導者が必ずいます。また、「スポーツ・フォア・オール」の精神のもと、障がい者スポーツを支える指導者やボランティアの存在も忘れてはなりません。この地道な陰の分野を担う人たちの努力を正しく評価し、認める活動を推進することも重要です。車は両輪があって初めて進むと信じたいものです。

第五は、日本人の価値観の変容です。昨今は地位、権力、金、物が最も価値のあるものという風潮があります。日本人の美徳であった「卑怯を恨む心」や「惻隠の情」などが薄れてきていると感じます。柔道においても観客席で応援する際の席の独占、短パン・Tシャツ・サンダルでの観戦、対戦相手や審判を誹謗中傷するような言動など改革すべきことは多々あります。礼法や服装、立ち居振る舞いと感謝の心は、指導者や保護者が子どもたちに範を示してほしいものです。国際柔道連盟（IJF）は、白の柔道衣の尊重（シード選手や表彰台は白道衣）や、メダルのかかった試合でのコーチの正装など柔道の品格を高める改革を推進しています。

柔道事故と指導者

　福島県S市の中学校で2003年、柔道部の練習中、意識不明となった当時1年生女子のYさん（27歳）が、2018年9月12日、急性気管支肺炎で亡くなられました。ベッドの周りには4万羽の千羽鶴が飾られていたということです。Yさんは事故にあう1ヵ月ほど前に頭部打撲をし、医師から「急性硬膜下血腫」との診断を受けていました。しかし、学校側はYさんの安全に特別な配慮を払わないまま、漫然と通常の稽古に復帰させていたようです。

　ご家族は15年間にわたって介護を続けましたが、「もう一度、話をしたかった」という祈りは届きませんでした。朝、元気に「行ってきます」と言って家を出た子どもと二度と言葉を交わすことができない。ご遺族の無念はいかばかりかと推察します。このような悲惨な重大事故は、柔道界をあげて根絶しなければなりません。

　あるスポーツで高校2年生の時に頸椎損傷を負った大学院生から「私は事故で体の機能を失っただけでなく、恩師も友人も大好きなスポーツもすべて失いました」と聞いたことがあります。不幸にして事故が起こった後、「事実の隠蔽」など絶対にあってはなりません。事故にあわれたご家族は、介護の疲れや将来に対する不安から、「自分たちと同じ辛い体験を誰にもしてほしくない」と願うようになります。受け入れがたい現実に対する「怒り」や「悲しみ」から、「真実の究明」と「再発防止策」を切望します。スポーツ指導者は、当事者の苦しみを理解し、寄り添う姿勢での事故原因の究明と「透明性」のある「説明責任」を果たすことが事故根絶の第一歩となると考えます。

これからの教育とスポーツ指導者

　文部科学省は、2017年3月に小学校・中学校学習指導要領（指導要領）の改訂を行いました。2020年からは新しい指導要領が全面実施されます。その骨子は「子どもたちが未来社会を切り拓くための資質・能力を一層確実に育成すること」であり、その際、「子どもたちに求められる資質・能力とは何か」を社会と共有し、連携する「社会に開かれた教育課程」を重視することです。

　社会に開かれた教育課程の実現を目指すには、「カリキュラム・マネージメント」の実現が求められます。以下の6点を実施し、PDCAサイクルによる学習指導が繰り返されます。①「何ができるようになるか（育成を目指す資質・能力）」、②「何を学ぶか（教科等を学ぶ意義）」、③「どのように学ぶか（指導計画の作成と実施、改善）」、④子ども一人一人の発達をどのように支援するか（発達を踏まえた指導）」、⑤「何が身に付いたか（評価）」、⑥「実施するために何が必要か（家庭や地域の理解を含む）」。

　特記すべきことは、④で発達に問題のある子どもとともに学ぶ共生教育（インクルーシブ・ダイバーシティ）の観点にも触れていることです。さらに、「主体的で対話的な深い学び」の実現に向けて、アクティブ・ラーニングの推進も必要であるとしています。

　以上の学校教育の方向性は、従来の教育方針を踏まえて行われた改善であり、いまの若者たちにも実践されてきた教育内容であると考えます。また、新しい学力観は、「知識及び技能」「思考力・判断力・表現力等」「学びに向かう力・人間性等」で表されますが、私を含め、古い時代の指導者は、このような学習課程に従って育成されてきた若者たちに適したスポーツ指導を心がけているでしょうか。「返事、はい、だけでよい」

というような指導になっていないでしょうか。新しい指導要領は、まさに、「指導者にルールはないのか？」を問う一つの答えになると考えます。子どもたちの教育と同様にスポーツ指導者も時代とともに変わっていかなければなりません。

指導者にルールはないのか？

　私自身の自戒を含めて「指導者のルール」について述べたいと思います。競技者として、指導者として半世紀以上の人生を過ごしてきました。今でも時間があれば学生たちの練習を見るように努めています。五輪の日本代表や五輪監督も経験させていただきました。地方の国立大学から五輪や世界選手権のメダリスト、13名の全日本選手権者、23名の学生選手権者を輩出することもできました。今の学生たちと接しながら、「自ら考え自ら学ぶ」のみでなく、「対話的な深い学び」の場が必要であると感じています。

　次の時代を担う若者たちの将来を見据えて、人材育成の観点から、「生涯、スポーツを愛する」「スポーツを文化として後進に伝える」「苦手な子にも平等に接する」「人間的成長を楽しむ」等のスポーツ指導ができればと考えています。

　おわりに、柔道事故が原因で亡くなられたYさんのお通夜が行われた2018年の9月16日、第1回全日本柔道ID（知的障がい者）選手権大会が開催されました。当日、参集した5歳から50歳近い柔道家たちは、交流練習会で思い切りの笑顔で汗を流しました。翌日の大会では後ろ襟を持たないルールでしっかりと組み合う柔道が展開され、参加者全員が表彰台に立ちました。柔道界の改革や柔道MIND活動は、まだ、道なかばですが、勝敗から学ぶのみでなく、わが国固有の伝統文化として世界に発

信する柔道、生涯スポーツとして「健康寿命」を「平均寿命」に近づけ
る柔道の可能性を追求してまいります。

Profile　**野瀬清喜**（のせ・せいき）

埼玉学園大学人間学部特任教授。埼玉大学名誉教授。1984年ロサンゼルスオリンピック柔道銅
メダリスト。1996年アトランタオリンピック柔道女子監督。2019年より全日本柔道連盟副会長。
著書に『柔道学のみかた』（文化工房、2008年）ほか。

┌── column ──

勝利至上主義から
子どもの将来を一番に考えた指導へ

阪長友仁（堺ビッグボーイズ監督）

　堺ビッグボーイズは大阪府を中心に活動する少年野球チームであり、中学部は1984年創部、現在37期生を迎えて活動し、公益財団法人日本少年野球連盟（ボーイズリーグ）に加盟しています。また、2015年より小学部も結成し、活動を行っています。

　2年連続での全国大会優勝を成し遂げたチームであり、OBでは2020年からタンパベイ・レイズでプレーする筒香嘉智選手や、2019年にパリーグMVPとなった森友哉選手らが活躍しています。

　投手の投球制限や長時間練習、昔ながらのスパルタ式指導がまだあまり問題視されていなかった2009年にチームの指導方針を大きく変更し、いわゆる勝利至上主義から選手の将来的な活躍を一番に考えた指導を行っています。

　2009年以前は現在よりも多くの試合で勝利を得ていたものの、選手たちは勝つことを義務付けられ硬い表情をしてプレーしていたこと、また何よりも中学生時代の無理がたたって、高校・大学以降に怪我で伸び悩んだり、野球から離れてしまったりすることも多くありました。中学生の野球はあくまで教育の一環であり、教育という観点では今の結果ではなく将来の結果のために行う必要があるものの、そのような成果にはつながっていないのではないかという考えになり、指導方針

提供：堺ビッグボーイズ

を見直すことになりました。

　2009年以降は投手は投球数・登板間隔・変化球の制限をチーム独自で定め、練習時間も全体練習は14時まで（小学生低学年は正午まで）と短く効率的に実施、高圧的な指導は行わず、選手が失敗を恐れずプレーできる環境づくりに取り組んでいます。以前に比べ、選手たちの表情は豊かになり、野球を楽しそうにする姿が増えてきていると思います。また、お茶当番を廃止するなど（小学部は結成時からお茶当番はなし）、保護者の負担を極力減らすことにも取り組んでいます。

　小学部（チーム・アグレシーボ）は2017年より筒香選手がスーパーバイザーとなり、小学生のうちにやっておくべきエクササイズ、他競技の取り入れを行うなど、子どもたちの今ではなく将来につながるさまざまな取り組みを行っています。

　そのような活動に一定の評価をしていただき、野球人口が減少しつつある中で、現在では小学部100名、中学部87名（2020年1月時点）が在籍するチームとなりました。

　指導者と選手がお互いにリスペクトし、本来、主体である選手の将来を一番に考えた指導環境を今後も継続して作っていきたいと考えて活動しています。

9

企業だからできること
：株式会社アシックス 担当者に聞く

聞き手／まとめ：日本ユニセフ協会 広報・アドボカシー推進室

はじめに

　サッカーやラグビーのワールドカップやオリンピック、パラリンピックは、今や、多くの企業の資金的・技術的な協力抜きでは成立しない国際的な大イベントです。野球やサッカー、バスケットボールなどのプロリーグの世界も然り。さらに「社会人スポーツ」と呼ばれる世界でも、選手のほとんどが雇用などの面で企業のサポートを受けています。子どものスポーツの世界も例外ではありません。中高生が参加する各種競技大会のパンフレットには、協賛企業の広告が並びます。日本全国津々浦々で、お店として、地域に根差した会社や商店街として、地元の少年野球チームやサッカーチームを応援する方々がいらっしゃいます。

　使いやすい用具の開発や、大会の開催やチーム運営、選手育成に必要な資金の提供。テレビ中継や報道を通じて、スポーツの感動をお茶の間に届けること。スポーツ中継を可能にするスポンサーとしても大きな役割を果たされています。プロの世界もアマチュアの世界も、企業はスポーツに欠かせない存在です。だからこそ私たちは、子どもたちのスポーツ環境をより良いものにするために、企業が、もっと積極的にその"力"を使っていただけるのではないかと考え、次の項目を『原則』に

加えました。

原則07 「スポーツ団体等への支援の意思決定において、子どもの権
利を組み込む」

原則08 「支援先のスポーツ団体等に対して働きかけを行う」

では具体的に、どのようなアクションが考えられるのでしょうか。ど
のような取り組みが有効なのでしょうか。

その答＝「企業だからこそできること」のヒントを得るため、『原
則』に企業としていち早く賛同してくださった株式会社アシックス（以
下、アシックス）CSR統括部執行役員統括部長の太田めぐみさんと、ス
ポーツマーケティング統括部統括部長の大谷忍さんにお話を伺いました。

アシックス グローバル本社（兵庫県神戸市）にて

賛同の理由

　2019年秋、アシックスのサポートを受けたチームが日本中を沸かせました。3大会ぶりに「ラグビーワールドカップ2019™日本大会」を制した「スプリングボクス」こと南アフリカ共和国代表チーム。「2019世界野球WBSCプレミア12™」で10年ぶりの世界一に輝いた「侍ジャパン」こと野球日本代表。世界中のさまざまな競技で活躍する多くの有力チームや選手のみならず、子どもからシニアまで、世界中のスポーツ愛好家から広く支持されるアシックス。世界の若者があこがれる「ASICS」や「Onitsuka Tiger」などのブランドを擁し、日本を代表する世界的総合スポーツ用品メーカーとして成長を続けるアシックスが、なぜ『原則』にいちはやく賛同してくださったのでしょう。

　私たちがはじめて太田さんにお目にかかったのは、『子どもの権利とスポーツの原則』（以下、『原則』）発表の数ヵ月前。まだ草稿段階だった『原則』をお渡ししたところ、ほどなく、「会社として賛同させていただきます」との連絡をいただきました。

太田　それは、「原則」が、弊社の創業哲学そのものだったからです。

　アシックスの創業者は、「Onitsuka Tiger」の"オニツカ"こと鬼塚喜八郎氏。第二次世界大戦の深い傷跡が残る1949年、「若者に夢を与えることができる事業を興したい」との思いから、スポーツシューズを製造・販売する鬼塚商会を起業。1977年、3社合併を機に、古代ローマ時代の風刺家ユベナリスが残した名句、「健全な身体に健全な精神があれかし（Anima Sana In Corpore Sano）」の頭文字を取り、社名を「ASICS（アシックス）」に改めました。

太田　この社名こそ、アシッ
クスの創業哲学そのものです。
Anima Sana In Corpore Sano
の言葉自体、鬼塚が第二次世
界大戦直後に創業した際に持
っていた哲学で、ASICSとい
う社名には、"スポーツを通じ
て世界の人々に健康で幸福な生
活を送ってほしい"という願い
が込められているのです。

太田めぐみ
（CSR統括部執行役員統括部長）

　　『原則』がモデルにした
『子どもの権利とビジネス原
則』（2012年ユニセフ他）は、
「企業にとって子どもは、消費者、従業員の家族、若年労働者、そして
また将来の従業員やビジネスリーダーとしても重要なステークホルダー
であり、同時に、企業活動が営まれる地域社会や環境においても子ども
はその重要な構成員なのである」（「序」より）としています。

太田　子どもたちは将来を担う財産であり、"子どもたちにスポーツを
通じて心身ともに健康的に成長してほしい"という思いからスタートし
た会社ですから。本来楽しいはずのスポーツを、暴力やハラスメントで
子どもたちがやめてしまうことのないよう、子どもの権利を守るのがお
となたちの責任です。

指導者、保護者、成人アスリートの役割

　太田さんは、『原則』が、競技団体やチームにとどまらず、スポーツする子どもに関わるすべてのおとな、すなわち指導者や保護者、成人アスリートを含む複数のステークホルダーを対象にしていることを評価されます。

太田　例えば、政府や中央統括団体からもガイドラインなどさまざまな指針が出ていますが、文章が非常に硬く、内容も組織のガバナンスに関するものが中心で、実際に運用するのは大変だろうなと思う内容になっています。もちろん、国内競技連盟のような団体には、そういったガバナンスをしっかりやってほしいと思います。他方、この『原則』は、対象者が幅広く、やわらかい表現で、子どもに直に接する方々も含めさまざまな立場でスポーツに関わるおとなたち、すべてのステークホルダーが、力を合わせて子どもたちの権利を守ってゆく環境を作っていきましょうと呼びかけているところが素晴らしいと思いました。

　世の中には、素晴らしい指導者の方々もたくさんいらっしゃって、そうした方々の指導法や哲学に感銘を受けます。世の中の関心は、どうしても一部の不祥事に集まってしまいがちですが、素晴らしい指導者の知見がもっと広く共有されるようになると良いですね。

　成人アスリートが入っているのも良いですね。引退されて今は指導者として活躍されている方も含め、先輩が自身の悪い経験ではなく良い経験を後輩に伝えてゆくことで、子どもたちに良い影響を与えるものと思います。

　保護者の方々もみなさん熱意を持っていらっしゃいます。指導者に任せきりにするのではなく、みんなで協力していきましょうと呼びかけて

いるのが素晴らしいと思います。

企業だからできること

　では、そうしたステークホルダーの一員として、企業のみなさんは具体的にどのようなアクションを取っていただけるのでしょう。スポーツマーケティング統括部の大谷さんは、アシックスのようにスポーツを本業とする企業に限らず、スポンサーや協賛の形でスポーツに関わる多くの企業にやっていただけるはずだとおっしゃいます。

大谷　我々はボランティア団体ではなく営利を上げなくてはならないので、スポンサーとしてサポートするチームや選手、対象となる競技を選択する時には、競技パフォーマンスはどうか、市場価値があるのか、弊社製品の売り上げに貢献するのかなど、そういう目で当然見ます。ですが、それ以上に大切なことは、先ほど太田が申し上げた弊社の創業哲学に則ったプレーができるチームなのか、選手なのかというところです。「健全な身体に健全な精神があれかし」に合致できるのかどうかということころが、非常に大事なところです。

大谷忍（スポーツマーケティング統括部統括部長）

　スポンサードする対象が個人の場合でしたら、選手の人となりも重要な点なので、その方の代理人さんなども通じて、お人柄や評判の確認もさせていただいております。（選手やチームの不祥事はスポンサーとしてのアシックスの評判にも影響するので）こうしたことは、リスクヘッジのためにとても重要です。

　1990年代後半、欧米のNGOやメディアがサッカーボールの製造をめぐる児童労働問題を指摘したことをきっかけに、スポーツ用品の製造・販売に関わる世界中の企業が、「サプライチェーン」と呼ばれるスポーツ用品の製造と物流に関わる分野の人権問題の克服と改善に取り組みました。アシックスも、国際的な業界団体の世界スポーツ用品工業連盟や日本スポーツ用品工業協会（JASPO）に参加し、サプライチェーンの人権課題についてさまざまな取り組みを進めています。他方、今回、『原則』が示した課題は、「サプライチェーン」以外の分野の子どもの人権課題。前出の世界スポーツ用品工業連盟は行動規範を作成していますが、これはサプライチェーンが対象ですし、スポンサーや協賛の形でスポーツをサポートする企業が共有できるものはまだ存在しないようです。

大谷　（ですので、先に説明した契約に関わる取り組みは）アシックスが独自にやっているものです。とはいえ、おそらく他社さんも、同様のことはやっていらっしゃると思います。

　「不祥事」、すなわち子どもを含めたアスリートの人権侵害を未然に防ぐためには、スポンサーが契約時（前）に企業としての姿勢を明確にすることが有効ということ。では、『原則』が目指すもう一つのスポー

ツの形＝すべての子がそれぞれの関わり方でスポーツに参加できる環境を作るために、企業ができること、「企業だからできること」は何でしょうか。

ステークホルダー間の対話

太田 子どもたちが楽しくスポーツできる環境は、みんなで協力して作っていかなくてはならないわけで、そのためには、ステークホルダーの間での対話が必要でしょう。『原則』と一緒にユニセフさんが出された『アセスメントツール』（『原則』特設サイト（childinsport.jp）と本書巻末に掲載）は、スポンサーとしての企業とサポートされているチームや選手、競技団体などの間の"対話"のためのツールとして、有効だと思います。

大谷 『原則』やアセスメントツールは、一義的には日本国内向けかもしれませんが、アシックスは世界陸上競技連盟などの国際競技団体のオフィシャルパートナーなので、そういった団体との対話にも活用できるのではないかと思います。

子どもの意見を尊重する

『原則』に書かれた項目の中で、特に「子どもの意見を尊重する」の一文に惹かれたとおっしゃる太田さん。インタビューの最後、その言葉を受けた大谷さんが、子どもたちに日々直接向き合っていらっしゃる指導者や保護者のみなさんへのメッセージをくださいました。

大谷　指導者のみなさんには、過度なプレッシャーを与えるのではなく、子どもたち自らが主体的に取り組めるような環境や機会を作っていただきたい。勝負事なので、勝てばうれしいし、負けると悔しい。でも、勝つことを絶対とせず、負けた時でもその悔しさをプラスに変えられるような指導が非常に大事だと思います。保護者の方々も、子どもたちが楽しさと達成感を感じられるポジティブなことを経験できる機会として捉えてほしい。決して強制せず、子どもたちのやる気に応じて環境を整え、機会を与えてあげてほしいです。実は、私の息子は小学校までラグビーをやっていたのですが、中学でバスケットボールに転向しちゃったんです。正直に申し上げると、親としてはせっかく続けてきたラグビーで、もう少し高みを目指せるのではという気持ちもありましたが（笑）、彼が選んだことなので。楽しんでやっているようですよ。

Profile　**日本ユニセフ協会 広報・アドボカシー推進室**

日本ユニセフ協会（ユニセフ日本委員会）は、ユニセフ（国連児童基金）との協力協定に基づき、同本部はじめ世界約190の国と地域で活動するユニセフ現地事務所や国内委員会と連携して、日本国内におけるユニセフの広報、募金活動、政策提言（アドボカシー）を担う公益財団法人です（www.unicef.or.jp）。
（聞き手／まとめ：中井裕真）

10

こんなやり方でもエリートは育つ
：ノルウェーとニュージーランドからの報告

山崎卓也・飯田研吾
（「子どもの権利とスポーツの原則」起草委員会）

はじめに：日本へのヒントを2つの国の実践から考える

　ここまで、「子どもの権利とスポーツの原則」の実践のヒントとなる実例を、競技ごとに紹介してきました。

　では、日本以外の国の競技団体など、世界ではいま、一体どういった取り組みがなされているのでしょうか。

　本項では、スポーツにおける子どもの権利の実現に向けた取り組みを国の競技団体を中心として行っている例として、ノルウェーとニュージーランドを紹介し、日本へのヒントを探りたいと思います。

ノルウェーの取り組み

　北欧の小国ノルウェー。日本とほぼ同じ国土面積に人口は約530万人。こんな小さな国ですが、冬季オリンピックでのメダル獲得数は368個（2020年3月現在）。2位アメリカに50個以上の差をつけての、ダントツの1位です。

　そんな冬季オリンピックの強国ノルウェーの強さの秘密はどこにあるのでしょうか。

　ノルウェーのスポーツは、NIF（The Norwegian Olympic and Paralympic Committee and Confederation of Sports）を中心に組織され、200万人以上の会員と1万2000を超えるスポーツクラブが存在します。

　まず紹介したいのは、「Children's Rights in Sport」です。1987年に導入され、2007年にNIFによって改訂されました。この宣言はノルウェーにおけるスポーツ政策を支えるもので、子どもの意見・声に高い価値をおいている点に特徴があります。具体的には、次の7つの権利が定められています。

①圧力や搾取のない安全なトレーニング環境に参加する権利
②友情と団結を育むトレーニング・競争に参加する権利
③年齢や身体の発達・成熟度に応じたトレーニング・競争に参加する権利
④さまざまな異なったスキルを学び、達成感を経験する権利
⑤自分の見解を述べ、聞いてもらう権利
⑥どのスポーツをしたいか、いくつのスポーツに取り組みたいかを選択し、どの程度トレーニングしたいかを決定する権利
⑦競技会に参加するか否かを選択し、平等に機会を与えられる権利

　「Children's Rights in Sport」のもう一つの特徴は、これを子ども、コーチ、指導者、役員、保護者の間の対話のためのツールとして使用し、その価値を実現しようとしているところにあります。日本の「子どもの権利とスポーツの原則」と同じコンセプトといえます。
　ノルウェーに54ある国内スポーツ統括団体のすべてが、この「Children's Rights in Sport」を採択して遵守することを決めました。

　次に、ノルウェーにはもう一つ、「Provisions on Children's Sport」が
あります。ここでは、6歳になったら地元の競技会に参加してよい、11
歳になったら地域の競技会に参加してよい、12歳になるまではヨーロッ
パ選手権やワールドカップといった国際大会には出場できない、といっ
た形で年齢によって参加できる競技会やスポーツイベントを限定してい
ます。また、11歳までは結果やランキングも発表しないとされています。
これは、子どもが小さな時から過度な競争にさらされ、心身ともに傷つ
いてしまうことがないような手当てとしてのものといえます。

　また、この規定に反した場合、いきなり罰則が科されるのではなく、
まずは競技団体内での情報と対話を通じた解決が望まれており、ここで
も先ほどの「Children's Rights in Sport」と同様の価値実現のためのプ
ロセスとして対話が最優先にされています。

　最後に、ノルウェーでは、親の役割を理解させることを目的として、
親向けのガイドラインを策定しています。このガイドラインには、スポ
ーツ科学の研究結果と子どもを指導するコーチの経験に基づいた9つの
推奨事項が定められています。

　例えば、親がよく子どもにかける質問として「誰が勝ったの？」とい
うのがありますが、これは、結果に着目した質問であって、勝利が成功
の唯一の基準になってしまっていると説明されています。そうではなく、
「楽しんだ？」とか、「今日は何か新しいことが学べた？」といった質問
を投げかけることで、結果・勝利が重要なのではなく、そのプロセスや
努力、スポーツの喜びを実感することが重要であることを、子どもが理
解することになるのです。

　その他にも、スポーツの選択にあたっては、子どもに対して十分な情
報とアドバイスを与え、最終決定は子どもにさせるように、子どもに特

定のスポーツを選ばせることはしないように、といったことが書かれています。

　監督・コーチのみならず、親からのプレッシャー・過度の期待が、子どもへの精神的な負担になっているというのは世界共通の悩みです。そういった意味では、親向けのガイドラインというのは、日本にも取り入れる価値のあるものといえそうです。

ニュージーランドの取り組み

　日本とノルウェーよりも、もっと小さな国であるニュージーランド。オールブラックスの愛称で知られているとおり、ラグビーの強さは有名ですが、その他にも、ボート競技やカヌーなど夏のオリンピック競技で数多くのメダルを獲得しています。

　ニュージーランドでは、2002年にSport and Recreation New Zealand Actが制定され、同法に基づいて、2003年にSport New Zealand（Sport NZ）※1が設立されました。

　Sport NZでは、"Balance is Better" というエビデンスに基づいた哲学を作り上げ、これが、今、ニュージーランドにおけるユーススポーツに対する全体的なアプローチを支えるツールとなっています。

　"Balance is Better" は、なぜ子どもがスポーツをするのかという価値観、すなわち、それは楽しみであり、挑戦であり、成長であり、友人との楽しみの時間である、といった観点に着目しているところに特徴があり、日本の「子どもの権利とスポーツの原則」と同様のアプローチと

※1　もともとは、Sport and Recreation New Zealand（SPARC）であったが、2012年2月に、Sport NZに改編された。

いえます。

　さらに、"Balance is Better" は、スポーツ界によくある誤解に対峙させる形で、次の3点を強調しています。

①子どものころの成功は、将来の成功を意味しない
　〜すべてのアスリートの成長曲線はそれぞれ異なり、後になって成長するアスリートもたくさん存在する。したがって、小さいころのパフォーマンスは、将来の可能性に関する信頼できる予測因子ではない〜
②早期のエリート教育や特定スポーツへの特化は子どもの成長にダメージを与える
　〜早期のエリート教育は、体の過度の使用による怪我や、モチベーションの低下やドロップアウトを生じさせる可能性が高い。それよりも子どもたちは、多様なスポーツを経験することによって、その中で他の競技へ生かせる技能やより大きな創造性、より良い意思決定能力を養える〜
③プロセスよりも結果に焦点を当てるいわゆる勝利至上主義は、子どもの健康や福祉、スポーツに参加するモチベーションに対して悪影響を及ぼす
　〜実際に、最も成功したアスリートやチーム、コーチは、勝利することに対して全くフォーカスしない子ども時代を過ごしており、その代わりに、どれだけよいパフォーマンスであったか、その成長に焦点を当て、ベストを尽くした結果として、勝利がついてくると考えていた。勝つことを求めすぎるとバランスを欠いてしまい、子どもに対する酷使、過度なプレッシャーにつながる〜

　以上の3点は、前述のノルウェーの「Children's Rights in Sport」に

おいて宣言されていた事項と共通しており、スポーツにおける子どもの権利を考えるうえで、非常に重要な視点といえます。そして、もう一つ強調したいのが、以上の3点が、過去の研究や統計の結果という科学的証拠、エビデンスに基づいて示されていることです。エビデンスに裏付けられていることが、上記の3つの柱が、大きな説得力を持つ理由となっているのです。

　また、前述のノルウェーとも共通することですが、この"Balance is Better"という哲学は、スポーツリーダーやコーチだけでなく、親に対するガイドとしても使われています。

　親による子どもに対する過度な期待というのが、万国共通の課題であることを物語っているといえます。

まとめ：日本が学ぶべきところ

　以上、ノルウェーとニュージーランドという2つの国の例を紹介しました。

　ノルウェーの「Children's Rights in Sport」は子どもの意見・声に最も大きな価値を置き、ニュージーランドの"Balance is Better"は、子どもがなぜスポーツをするのか、そこには楽しさがあり、挑戦があり、成長があるという価値観から説き起こしている点に特徴があり、その帰結として示している内容、すなわち、早期エリート教育は子どもに悪影響であること、勝利という結果ではなくプロセスを重視すべきであること、子どもの成長は人それぞれであることを前提にトレーニングするべきことは共通しています。

　ノルウェーやニュージーランドは日本と比較して小国であり、子どもの数も大国に比べて少ない。だからこそ、子どもがスポーツを楽しめる

よう、そして、スポーツ界が子どもを失わないために、早い段階から子どもの権利を守る仕組みを作ってきたのでしょう。

　興味深いのは、ノルウェーでは、2002年には、スポーツ競技団体のメンバーに入っていた子どもは70％程度だったのが、年々増え続け、2017年には93％にもなっています。

　その結果として、たくさんのエリート選手が生まれ、冒頭で紹介したような冬季オリンピックでの強さにつながっているのではないでしょうか。

　また、ニュージーランドも同様に、国際競争力のあるアスリートを生み出すことだけでなく、多くの人々、特に若者がスポーツやレクリエーションに参加し、スポーツ活動を通じて喜びや成長を見出すことを目標としており、その一環として、"KiwiSport" といった子どものスポーツ振興プログラムを展開しています。

　ノルウェーやニュージーランドと日本では、それぞれ国の規模も環境も国民性も異なっていますから、両国と全く同じことを日本でできるとは限りません。

　しかし、子どもの意見・声に高い価値を見出し、スポーツにおいて子どもの権利を守ることの必要性、子どもがなぜスポーツをするのかといった哲学や価値観、さらにはその価値実現のためのプロセスといった点は、とても参考になると思われます。

Profile

山崎卓也（やまざき・たくや）
弁護士／Field-R 法律事務所。詳細は24頁参照。

飯田研吾（いいだ・けんご）
弁護士／兼子・岩松法律事務所所属。詳細は49頁参照。

─ column ─

相手をたたえるセレモニー
:全国スポーツ少年団ホッケー交流大会の取り組み

公益社団法人 日本ホッケー協会スポーツ少年団部会

全国スポーツ少年団ホッケー交流大会では、「相手をたたえるセレモニー」を実施しています。このセレモニーは、試合後すぐに、対戦した選手全員と指導者、審判員が一堂に会し、対戦したチームの良い点、参考になったことを、選手自身の言葉で相手チームに伝える取り組みです。その目的は次の2つです。

○相手チームの選手やプレイに敬意を払い、交流を深める
○審判や相手チームの監督・選手から評価してもらうことで、選手の自己肯定感が高まり、技術的・精神的なレベルアップにもつながる

セレモニーは、予選の試合終了後に以下の流れで行っています。
①審判からの評価（プレイ、態度、声かけ、今後の期待などに対して）
②Aチームの選手からの評価（相手チームのプレイの技術的な面や精神的な面などに対して。③〜⑤も同様）
③Bチームの選手からの評価
④Aチームの監督からの評価
⑤Bチームの監督からの評価

提供：日本ホッケー協会

【実例】A：勝ったチーム、B：負けたチーム

①審判：

「Aチームは、パスがよくつながっていました。また、全員がしっかり声を出してプレイを確認していましたね。日頃から、チームでの練習を積んできた成果だと思います」

「Bチームは、負けてしまったけれど、最後までボールを追いかけていましたね。うまくいかなかった選手へ『次は決まるよ』というような励ましの声かけが良かったです」

②Aチーム選手：

「Bチームの選手のみんなは、粘り強くディフェンスをしていたので、何度もパスを止められてしまいました。また、ヒットもしっかり止めていたのですごいと思いました。ありがとうございました」

「Bチームのペナルティーコーナーのパターンが何種類もあるのでびっくりしました。私たちもしっかり作戦を立てて練習していきたいです」

「Bチームの選手のみんなは、最後まで元気に声をかけ、笑顔でプレイしていたのがすごかったです」

③Bチーム選手：

「Aチームの選手は、ボールがラインから出るまで精一杯走っていたので、その一生懸命さは見習いたいです。また、ボールを持っていない選手が声を出してパスをもらっていたところも勉強になりました。ありがとうございました」

「Aチームのキーパーはすごかったです。どんなシュートを打っても素早く動いて止めるので悔しかったです。次は決めたいです」

「Aチームの試合前の円陣はかっこいいですね。私たちも、真似をしたいなと思いました」

④Aチーム監督：

「Bチームの粘りは、見習いたいです。キャプテンのチームメイトへの言葉がけもよく、みんなの気持ちを最後まで盛り上げていました。いいチームですね。ありがとうございました」

⑤Bチーム監督：

「Aチームの個人技はすごいです。私たちも練習でやっていますが、試合ではなかなか発揮できません。チーム全体の力もあるので、日頃からの練習を頑張っているんだなと感じました。次、対戦するときは勝てるよう、頑張って練習します。ありがとうございました」

　セレモニーを行うことで、大会期間中、対戦チームの選手とお互いにあいさつをしたり、写真を撮り合ったりと、交流が深まり、対戦相手が勝ち進むと応援する様子も見られます。審判や相手チームの監

督・選手と交流する機会は、他の大会などではほとんどないため、大変有意義な取り組みになっています。

　自分たちのチームの良い点をほめてもらうことは自信になり、また、相手チームの良い点を見つけられることもチーム力向上につながります。選手からの発言は、以前はキャプテンのみでしたが、今は他の選手も行っています。選手全員が相手チームの良いところを見つけようとする姿勢が、チーム全体の成長に、そして、自分の思いを自分の言葉で正しく人に伝えることは、人としての成長にもつながっています。

　さらに、このセレモニーを行うことで、指導者の勝敗への考え方も変わり、選手一人ひとりの頑張りを認め、ほめるようになりました。試合に負けたときは、選手と一緒に振り返り、課題把握や次への目標設定につなげることができるようになっています。

提供：日本ホッケー協会

Ⅲ

[対談]
スポーツには
勝利より重要な
価値がある

スポーツには勝利より重要な価値がある

鈴木大地（スポーツ庁長官）
筒香嘉智（プロ野球選手）
大滝麻未（プロサッカー選手）

・ ・ ・ ・ ・ ・

モデレーター：山崎卓也（弁護士）

指導者の質をどう上げるか

山崎　今日はみなさん、お集まりいただき、ありがとうございます。ユニセフの「子どもの権利とスポーツの原則」が発表されて1年が経ち、予想以上に多くの団体に賛同をいただきました。日本サッカー協会だったり、なんとアマチュアの野球団体全部に賛同していただき、さらに、プロ野球選手会からも賛同表明があったりと、かなりの共感を得られているという実感があります。とはいえ、わが国のスポーツ文化で、殴ったり、怒鳴ったりというのはこれまで普通に行われてきたことだったわけで、そのように賛同はしても、本音レベルではまだ殴ったほうが良い指導なんじゃないかと思っている指導者も少なからずいるのではないかと思います。そこで、価値観のレベルで全員が同じ意識を共有できるように持っていくためにはどうしたらいいでしょうか。賛同は得られました、では次はこれをどうやって価値観として共有していくか、というようなお話を今日はできればと思います。

スポーツ庁長官　鈴木大地（すずき・だいち）
1967年千葉県生まれ。1988年ソウルオリンピック100m背泳ぎ金メダリスト。順天堂大学教授、日本水泳連盟会長を経て、2015年10月より現職。

　その前に、一つ面白い例をあげると、ノルウェーでは、国際試合を11歳までプレーさせないというルールになっているんです。11歳まではいっさい競技にランキングをつけない、つまり競争させないことになっていて、それは関係者で話し合って、そういう制度にしたようです。つまり、そこまでは子どもを競争させないという制度にして、例えば違反した人がいたとしても、何でこういうルールにしているのかという価値観を、対話を通じて説明したうえで理解してもらい、いきなり罰則を科すようなことはしないそうです。なので、例えば日本でもそういう形での育て方ができないかといったお話もできればと思っています。

　鈴木長官のほうは、野球の球数制限のお話もされていたと思いますが、そのあたり、野球に限らず、すべてのスポーツ競技において、こんなふうにしていったらいいんじゃないかとかありますか。

鈴木 私の考えとして、すべてのスポーツで競争させないということの良い悪いはわからないです。ただ、何よりも勝利を優先するという勝利「至上」主義はどうかと思いますが、勝利主義は良いのではないかと思っています。勝利主義であることは、ある程度、子どものモチベーションにもつながると思います。

　先日、キューバに行き、野球の指導を視察してきました。運動部活動のガイドラインを策定して約1年が経ち、海外の事例を視察したいという目的があり、野球強豪国のキューバに情報収集に行きました。そこで日本では指導者による体罰が未だにあることを言ったら、現地の人はびっくりしていました。なぜかというと、キューバでは、たとえ少年野球の指導者といえども、きちんとしたコーチングメソッドを学び、指導者は必ず選手に対していかにモチベーションを上げる指導ができるかということを重視し、そのようなコーチングをできる人が指導者になっているからです。この視察から、まずは指導者の質を上げていくことが重要ではないかと感じました。

山崎 まさにそのあたり、すでにドミニカで経験してきた[※2]筒香選手がくり返し言っていることそのものですね。子どもの将来のために今何をしていくことが大事なのか、その体験をちょっとお願いします。

筒香 高野連（日本高等学校野球連盟）[※3]ですかね、1週間で500球というルールができました。そのルールができるということで、よく聞かれるのは、進歩している、ちょっと進んでいるというふうに言われますが、

※1　2018年12月に、新潟県高野連が、2019年の春季新潟県大会より、投手1人あたりの投球数を1試合100球までに制限する方針を発表したことをきっかけに沸き起こった球数制限の是非の議論（57頁参照）に関して、鈴木スポーツ庁長官は、若い人の障害予防の観点から望ましい動きであり、新潟の勇気を応援したいと発言した。なお、上記新潟県高野連の決定は、日本高野連からの再考申入などを受けて2019年3月に撤回された。

プロ野球選手　筒香嘉智（つつごう・よしとも）
1991年和歌山県生まれ。2007年横浜高校に入学、2年夏に甲子園出場。2009年ドラフト1位で横浜（現・DeNA）入団。2019年大リーグのタンパベイ・レイズに移籍。

では1週間に日本のプロ野球選手、先発ピッチャーが1日にどれだけ多く投げても130球です。大体100球前後ですね。骨格ができて骨ができている大人の選手が1週間で100球しか投げない。中継ぎピッチャーも、よっぽど多く投げて4日間です。でも1日30球いくことはあまりない。たいてい20球なので、80球しかいかないですよね。だからその子どもたちの

※2　筒香選手は横浜DeNAベイスターズ在籍時代の2015年のシーズンオフに、ドミニカのウインターリーグに参加している（同リーグ球団レオネス・デル・エスコヒードの一員として）。そこでは多くのメジャーリーガーが参加するレベルの高い野球を経験するばかりでなく、試合の合間に、少年野球の練習などを見学し、ドミニカの少年たちの失敗を恐れず、楽しそうに野球をやっている姿を目の当たりにしたことによって、目先の結果ではなく、子どもの未来に着眼した選手の育成の重要性を感じ、それ以降、日本の少年野球の環境改善のための提言を積極的に行うようになった。
※3　前述の新潟県高野連の球数制限導入に関する決定と、その後の撤回という事態を受けて、高野連はその点を議論するための「投手の障害予防に関する有識者会議」を設置し、その答申を受けて、2019年11月に、大会における1人の投手の投球数を1週間で500球に制限すること等、試行期間を設けることを決めた。

500球という数字、これは僕が見ていても、あ、おかしいなって。単に、形だけの基準をつくっているにすぎないなというふうに思えてしまうんですよね。つまり、子どもが一番になっていないということです。現状でいうと、指導者もいろんな方を見てきましたけど、子どもや選手たちへのリスペクトが少し足りないと、海外と比較すると余計に感じます。

山崎　そのドミニカで経験したときには、指導者の人たちの価値観はどんなふうに共有されている感じがしましたか。

筒香　僕は日本の指導がすべて悪いとは思っていないですし、むしろ日本のほうが進んでいる、例えば礼儀だったりとか、道具を大切にすること、感謝の気持ちというのは日本の素晴らしい文化だと思っています。ドミニカと日本の指導者を比べると、日本の指導者は、なにか怒らないと指導しているというふうに自分で感じることができないんだと思います。それに対し、ドミニカでは、見守ることも指導だよというか、見守ることが子どものためになっているというのを、ほんとによく理解していますね。

山崎　キューバもそんな感じでしたか。

鈴木　キューバで面白いと感じたのは、10代半ばぐらいまでポジションを決めずに誰もが全部のポジションを経験することです。ピッチャーも全員が体験するし、1試合当たりの投球数は世代ごとに明確な規定があるので、1人の選手が投げすぎるといった問題はまず起こりません。また、良いなと思ったのは、これによって選手それぞれが本当に自分の好きなポジションや希望するポジション、向いているポジションがわかることです。それで、子どもにどのポジションが好きかと聞いたら、センターが好きだとか、キャッチャーが好きだとか、ピッチャーが好きだとか、それぞれの答えが返ってきました。一方、日本だと、少年チームのときからすでにエースのような選手がいて、子どもなのに一つの大会で

何百球も投げさせてしまうようなことがあります。特に、日本の高校野球は、学校活動の一部であり教育の一環なので、キューバのように全員にチャンスを与えることも重要であると思いますし、もっと外国の良いところを謙虚になって学ぶべきだと思いました。

山崎　指導者が自分で結果を出したいとか、自分の勝利という結果がほしいと思ったら、そうはならないんでしょうね。子どもにさまざまなことを経験させるということが子どもの将来のためになるというアプローチと、明日の試合に勝って自分の評価が変わると思っている指導者と、やることが違ってくるという話なのでしょう。

　キューバの話というのは、指導者がある意味、その目先の結果を求められていない環境だというところが大きいでしょうし、日本は、甲子園で結果を出さなきゃいけない人たちがいるから、どうしても目先の結果が求められてしまう。ほんとに子どものためになったかどうかなんて、10年〜20年経ってみないとわからないことなのに。

鈴木　甲子園でチームを優勝に導いた監督が一定の評価を得ることはいいと思いますが、それだけではなく、例えば、筒香選手のようにメジャーリーグに行くような選手に対し、少年時代からじっくり時間をかけて育て上げた監督やコーチも評価を得ることができるように意識を変えていく必要があると思います。

筒香　僕も甲子園がすべて悪いとは思わないです。これはもう日本にしかできないものだと思うのですが、あんな暑い時期を外すとか、日程を変えてみるとか、あれをリーグ戦にしろというのはなかなか難しいとは思いますが、なんとか工夫できないでしょうか。一番興味深いのは、僕らプロ野球選手が、ロッカールームにはテレビがあるので、甲子園の試合、みんな見ているんです。そのとき、外国人選手が「これ何球投げてんや」と必ず言います。「こいつの未来どうなるんだ」って言う。「こ

いつプロ行きたくないのか」とか。もう次のプレーができないじゃない
かというのを必ず外国人選手は言いますね。

親をどう巻き込んでいくか

山崎 大滝さんは、自分が女子サッカー選手になる過程での指導者はど
うだったんですか。

大滝 昔も今もそうだと思うのですが、サッカーでは、私、ずっと男子
に混ざってやってきました。サッカーはプレー人口が多いわりに、指導
者数が全然足りていないという現状があると思います。それで、私のと
きもそうだったんですけれども、親がボランティアコーチをするという
ことが結構普通にあったりします。そうしてボランティアコーチになっ
たみなさんも最初は想いがあってやってくれているのですが、だんだん
勝つことが最優先になってしまうという実態があります。スポーツ協会
レベルで一定のガイドラインはあるものの、本人がコーチングライセン
スを取りにいかないかぎり、そこまでの浸透は難しいという課題はある
と感じています。

山崎 さっきのノルウェーのお話では、親が指導者と同じように子ども
の未来に対してベストなことをするという気持ちになってもらうために、
指導の現場に親を巻き込むことが大事にされているそうです。そうする
と、親は自分の子どもが少しでも早く結果を出してほしいって思ってい
たのが、だんだん変わっていくということだったのですが、大事なのは、
子ども時代に目の前の試合に勝つことではなくて、将来、メジャーリー
ガーになるとか、プロサッカー選手になるかという目標を見据えて、そ
こに到達する過程こそが重要なんだと気づくことだと思うのですが、長
官はそのあたりいかがですか。

プロサッカー選手　**大滝麻未**（おおたき・あみ）
1989年神奈川県生まれ。2012年オリンピック・リヨンに加入し欧州制覇。2017年FIFAマスター修了。
現在はジェフ千葉レディース所属。

鈴木　日本の場合は、小学校で結果を出すと良いチームに入ることができ、中学校で結果を出すと推薦で高校に行くことができるということもあり、なるべく早いうちから結果を出そうとする傾向があるのかもしれません。例えば、水泳では、小学校中学年までは習い事にしていることが多いですが、小学校高学年になると塾に通うなどの理由で、辞めてしまうことが多かったりします。そのため、指導者は早いうちから結果が出るように指導し、「全国大会に行くことができたから、今後も続けてください」と理由付けすることもあります。本来は楽しくできたらいいものを、子どもたちを追い込んで練習をさせてしまい、水泳を嫌いにさせたり、成長期に合わない無理なトレーニングをさせたりすることもあります。長期スパンで、スポーツが好きになり、そして心身の成長や発育発達を考えながらスポーツをさせることが非常に重要だと思います。

　また親の話ですが、先ほど大滝さんがおっしゃっていたように、グラスルーツとしてスポーツの裾野を広げてくれる人材というのを本来もっと大切にしなくてはいけないと思います。親や地域の方たちの存在は、子どもにとって影響力が大きいので、自分が昔体験したものをそのまま伝えるだけではなく、せっかく教えるのであれば、そのスポーツの専門性を理論からも勉強していただくと同時に、欲を言えば教育のことも勉強していただきたい。逆に、部活動の顧問がその競技の経験がまったくなく、また体育の教員でもないという例もあります。そのような場合、教育はわかっているかもしれないが、その競技の専門性はあまりわかっていないかもしれないので、各競技団体の出しているマニュアルで勉強してください、とお願いしております。やはり、指導者の質を高めるためには、指導する競技の未経験者はその専門性を身につけ、教育の未経験者は最低限の教育系の理論を勉強していただきたいというのがスポーツ庁の考え方です。

子ども時代のスポーツ環境

山崎　なるほど。小さい頃の野球の現場はまさにその典型みたいなもので、このチームで勝てなかったらもっと勝てるチームに子どもを行かせようということが多いと思うのですが、筒香選手の子ども時代を振り返って、どうすれば環境は変わっていくと思いますか。

筒香　僕はほんとに恵まれていまして、特に小学校中学生の頃は、怪我をしたときなど、ちょっと調子がおかしいなってときにまったく無理をさせられなかったんですよね。中学生のときも半分ぐらい野球はしていないんです。ずっと違うことをやっていたりとか、体のエクササイズをしたりしていたんですけど。今、プロ野球選手でも特にピッチャーなん

か、高校のときに二番手とか、三番手の選手のほうが長く野球をやっているんですよね。もうバリバリで入ってきた人は意外に選手寿命が短いというか、そういうのはほんとに多いですし。もう小学生で肘の骨を手術で取っているとか、それはもう子どものためになっていないことが多すぎるというのを感じますね。

山崎 サッカーではどうですか。

大滝 私自身も、小学校の頃に足首を剥離骨折して、当時はその深刻さに全然気づかず、幼い自分は痛くてもプレーしたい一心でそのまま続けてしまって、今すごく後悔をしています。そういう意味では、子どもが怪我をしたときに正しい知識を持っている指導者が身近にいることが大切で、それによって、もっとより長く競技に専念できる選手が増えていくのではないかなと思います。

山崎 長官はジュニア時代、水泳を続けられたポイントはどこにあったんですか。

鈴木 筒香さんがおっしゃっていたように、私も小学校のときはアメリカナイズされたクラブに所属し、さまざまなスポーツをさせてもらっていました。アスレティックセンターの中にスイミングスクールがあり、フィットネスや卓球、トランポリンなどもすることができました。中学に入学すると、厳しい指導を行うクラブに移籍しましたが、うまく力を抜きながらやっていました。コーチから手を出されることもありましたが、そのあと絶対に頑張らないようにしていました。もしそこで速く泳いでしまったら、次からも同じような指導を受けると思って、絶対に速く泳ぎませんでした。

山崎 それは、素晴らしい！

鈴木 素晴らしいのは、コーチがそれに気づいてくれたことです。それをやっても速く泳げないことがわかれば、以降はやらなくなります。

山崎 子どもながらに、指導者の手なずけ方を知っていたということですね。でも、みんな真面目にそれでやっちゃうから、指導者が気がつかないということですよね。なるほど、気がつかせる事例を初めて聞きました。

鈴木 それをやられると、選手として本当に頭にきますしね。

山崎 でも、そこにスイッチを入れるのは相当難しいですよね。絶対頑張ってやらないというふうに。

鈴木 大抵の指導者はそんなことされたら、もっとやるかもしれないです。私の指導者はそこで気づいてくれたというのがうれしかったです。やはり、そういった指導者がいろんな競技で増えてくれるといいと思います。

山崎 それこそスポーツ庁の対策としてそういう指導者だったりとか、もちろん教育現場という意味も含めて、正しい情報を出していくことを奨励するのは意味のあることだと思うのですが、実際に今やられていることで、何か良い例というのはありますか。

鈴木 例えば、NF（国内の中央競技団体）が作成している運動部活動の指導手引[※]₄があります。先ほどもお話ししましたが、中には専門性のない顧問の先生がいるので、その手引はどのように教えたらいいか勉強できるようなマニュアルになっています。部活動は、その競技自体を普及する、あるいは選手を育てるという意味では非常に良い場なので、1人でも選手が辞めることなく、長く続けてもらえるような環境を構築することが重要です。

山崎 これはよく話すことなんですけど、そうしたマニュアルを真面目

※4　スポーツ庁のウェブサイトで、各NFのものが紹介されている。
https://www.mext.go.jp/sports/b_menu/sports/mcatetop04/list/detail/1408193.htm

に読むような人は結構いい方向に変わっていくのですが、いや、俺はもう昔からこれでやっているんだという人はなかなか読まなかったりするし、そもそもそういうことを聞く耳を持っていなかったりする。そこを、どういうふうにしたらいいですかね。

筒香　もしそれが50代の方だったら、30年前に自分が学んだものを今言っていますからね。

山崎　そうです。

筒香　だからほんとに、ルールをつくるのが一番早いと思うんです。最初は文句を言っても、結局みんなそのルールの中でやろうかっていうことになるので。ただ、そのルールをつくる、その基準というのがすごく難しい。

山崎　先ほど、ノルウェーの例をあげましたけれども、罰則を科すだけだと、価値観を理解しないまま罰則だけ怖がるようなことが起きてしまうのはよくないし、逆にその価値観の部分だけ言って、罰則がないと、これはこれでほんとにぎりぎりのところでうまく浸透させられない。だから両方必要で、今、筒香選手が言ったように、まずは罰則から入って、だんだん理解させていくというアプローチもあると思っています。

鈴木　確か、サッカー協会はライセンス制が進んでいるのではないでしょうか。

大滝　そうですね。指導者ライセンスの中で人権に関する授業をするというのがあるのですが、ただ、それが現場レベルでどこまで浸透しているのかというのが課題です。例えば受講後にアセスメントをするという動きは今のところないと思いますし、継続的に学び続けるという機会が絶対的に不足しているということもあると思います。

山崎　実際に今、大滝さんは「なでしこケア」という女子サッカーをもっと社会に役立てる存在にするという活動をされているわけですが、

その中でもやはりセクハラの問題。特に子どもの選手が声を上げられな
いという状況があって、そこにもっと大人が耳を傾けるようにして、子
どもが相談しやすい環境をつくっていかなくてはいけないのではないか
と。おそらく研修を受けているはずなのに、現場ではそれを忘れるか、
あるいは無視するかで、なかなかなくなっていかないという現実がある
ようですね。

大滝 スポーツ界で、セクハラが広く起こっているということは知識と
してはわかっているつもりで、なんか自分事としていなかったんです。
それが実際に身近で起こってしまって。あ、なんかこれはちゃんと選手
として取り組んでいかなくてはいけないことだという問題意識が出てき
て、そこから選手が動いて変えていこうという動きにつながりました。
セクハラは、センシティブな話だけに表に出てこないというのが多いよ
うで、相談窓口とかはあるものの、相談相手が誰かわからないところに
相談しづらいという問題もあります。その意味では、選手がまずはしっ
かり話を聞いてもらえる場所をつくりたいという想いで、今動いている
ところなんです。「なでしこケア」ができたことがきっかけに、一つで
も二つでも、今まで言えなかった中学生とか高校生が相談できたりとか、
問題が明るみに出たりということが増えたらいいという想いで活動して
います。

※5　なでしこジャパンキャプテンの熊谷紗希選手、元なでしこジャパンの近賀ゆかり選手や大滝麻未選手などが中
心となって2019年7月に設立された一般社団法人。女子サッカーの力を使ってさまざまな社会課題の解決に取り組
むことなどを活動目的としている。

選手の意識をどう変えるか

山崎 これまでの話は、指導者が正しい知識を持ち、子どもの将来のためにベストを尽くす、親も同様に正しい知識を持ち、子どもの将来のためにベストを尽くすというのと、今度は逆に、選手がどういう意識を持つか、ないしは選手にどんな選択肢を持ってもらうか、という子どもの側の受け取り方の問題があると思います。例えばセクハラは、子どものほうがセクハラを受けていても、セクハラでないと思い込もうとする「グルーミング理論」が代表的です。体罰も同じようなところがあって、前に体罰が問題になったときに、いやいや、コーチがこんなに一生懸命にやってくれているんだから、そんなの体罰なんかじゃありません、と子どものほうから言ったりします。そうすると、ほんとうはハラスメントが続いているのに、子どものほうの気持ちがそれをブロックしてしまうということもあって、結局なくならないというのもあるようです。なので、その子どもたちにどんなメッセージを伝えていくかというのも、非常に大事なことだと思うのですが、そのあたり長官いかがでしょうか。

鈴木 そこは課題かもしれません。これまでもJSC（日本スポーツ振興センター）に、セクハラやパワハラの通報窓口はありました。これは、JOC（日本オリンピック委員会）などの強化選手、ある一定レベルの人たちだけの対象でしたが、今は、各中央競技団体の強化指定選手であれば通報できるように対象を広げています。ただ、そうした制度の活用について、十分周知されていないということが課題です。また、別の事例として以前、体操選手で第三者が見ればパワハラを受けていたという状況にもかかわらず、自分はパワハラと感じていないという発言があって驚きました。選手自身がパワハラを受けているとか、セクハラを受けているとか、そういったことを理解できるように、意識をもっと高めても

らうことも大事だと思います。

山崎 これは野球でも非常に多いと思うんですね。どうしたら子どもたちに意識の変化を起こせますか。

筒香 野球はまず相手へのリスペクトがあって、そのやっているスポーツから何を学ぶかということが、プロになることなんかよりずっと大切だと僕は思っています。指導者が常に何かにつけて指示をして、大人への恐怖心で指導を受けている子どもたちは、そこになかなか気づきにくいと思います。今、この少子化が進むスピードの何倍も早く野球離れが進んでいく中で、たまたま僕の出身チーム、大阪の堺ビッグボーイズというチームがあるのですが（72頁参照）、去年、記者会見※をやらせていただいたときに、お母さん方からの意見がすごく多かったんです。手紙もいただきました。近くのチームを見学したけど、「ちょっとここには子どもを預けられない」という意見が非常に多くて。今、野球チームはどこも子どもが集まらないから、合併していくチームが増えているんですけど、その堺ビッグボーイズは小学生で100人に達しているんです。だから、野球離れが進んでいてもその正しい指導、正しい方向性でやっていくと、野球の喩えになりますけど、まだちゃんとやれるというか、やる子はいるという。つまり、周りにいる指導者、大人というのが一番大事なんじゃないですかね。

山崎 今の話は、子どもがスポーツをする意義という話だと思うんです。スポーツは本来、将来プロになるかどうかはともかくとして、そのスポーツをやることで人生が豊かになる。つまり、リーダーシップだったり、

※6　前述の新潟県高野連の球数制限の是非が議論されている最中の、2019年1月25日に筒香選手が日本外国特派協会で行った記者会見。少年野球の「勝利至上主義」と、「トーナメント制」が少年野球の環境に有害に働いていることを指摘し、球数制限についても必要と指摘した。

対談は終始和やかな雰囲気で進みました。

チームワークが学べるというところに本来の価値があったはずなのに、
それがいろんな結果と結びついてしまったことによって、多少歪んだと
ころにいってしまったというのを、どう本来の価値に戻していくのかと
いうことなのだと思います。

　本来の価値に忠実にやっているところは、競技人口もまだまだ伸ばせ
ていけるし、それを伝えることで、他の所も、もっともっと自分たちも
正しいことをやっていくんだという確信が持てると思います。特にこの
オリンピックのタイミングで、スポーツ庁がどんなメッセージを発する
ことができるかというところにも結構かかっていると思うのですが、そ
のあたりはいかがですか。

選択肢があることの重要性

鈴木 話が戻ってしまうかもしれませんが、子どもにとっていかに良い指導者と巡りあって良い指導を受けることができるかということに関していうと、野球にしてもサッカーにしてもさまざまなクラブがあると思いますが、所属するクラブに疑問を感じたら、別のクラブに行けるような環境づくりをすることが重要だと思います。選手がさまざまな指導者に巡りあうことで、これはちょっとセクハラっぽいなとか、このコーチの指導は良いなとか、このコーチのほうが自分に向いているなとか、その選択肢を与えて選べる環境が大事だと思います。もし所属する子どもたちが少なくなってきたら、「あれ、どうしたのかな？」と指導者自身が気づくはずです。

山崎 そこは素晴らしいポイントですよね。「変えていいんだよ」というところ。

鈴木 日本だと一つのクラブに長く所属し、色々なことがある中で我慢して続けるというのが美徳とされがちですが、多くのクラブでさまざまな指導を受けて、さまざまな人に出会うということも大事なことだと思います。

山崎 それはアスリートであったりとか、スポーツ庁から発信することで全然変わってくる気がします。指導者からは、「お前、ここで続けられないんだったら、他でも続けられないぞ」みたいなこと、絶対言われていると思うので。

鈴木 医療の世界でも、セカンドオピニオンというのがありますが、さまざまな意見を聞くことが当たり前になっているので、スポーツ界でも是非そういう方向に進んでほしいと思います。

山崎 例えば中学生とか、おそらく選択肢はかなり限られてくると思う

のですが、女子サッカーはそのあたりはいかがですか。

大滝　おっしゃるとおり、特に中学生年代のプレー人口がすごく減ってしまっている背景もあり、中学生年代の受け皿が少なくて、一つのところに入ったら、現実的に考えてなかなか難しいというのはあると思います。もちろん、東京都内ですとかチームが多いところではそうした環境もあるかもしれないですけど。

山崎　町の中とかあるいは県の単位で、不幸にも自分が合わないところにいたら、ここに行きなよといった選択肢をどんどん増やしていく。少なくともここにいたらできるというのが全国に色々あると変わってくるんでしょうね。そうすると指導者もおそらく気がつくきっかけができるだろうし。

鈴木　筒香選手や桑田真澄さんが、高校野球の改革として、良いところは残して、悪いところは変えようとおっしゃっています。小・中学生まではいくつかのリーグに分かれていますが、高校生になったとたん、すべて高校野球に集約されてしまいます。そこで、高校世代でもクラブチームをつくったら野球界も変わるのかなと思っています。そうなると、将来を見越してプロで勝負したいという選手は、高校野球の強豪チームには行かなくなるかもしれません。プロ野球チームもそれぞれがユースチームを持ち、所属する選手が将来自分のチームの貴重な戦力になると考えたら、選手を大事にすると思います。ある程度の選択肢を与えるというのも、これからのスポーツ庁の仕事なのかなと思って一生懸命取り組んでいます。

山崎　その点は僕も個人的に興味があって、高校、甲子園もそれはそれで素晴らしいと思うんですけど、それ以外の選択肢があることによって、もっと甲子園もよくなれるという部分もあると思うんですけど、どうですか、筒香選手。なかなかセンシティブな話ですけど。

筒香 そうですね。でも、日本はこの高野連というのがすごく強いので、今長官がおっしゃったように、例えば、高校はこの高校に行っているけど、練習は違うところのクラブで練習する、アカデミーで練習する、そこからドラフトもかかりますという制度ができたら、僕、高野連も絶対変わると思うんです。それは是非お願いします。

鈴木 サッカーはすでにそれをされていると思います。部活動で勝負したい場合もあるし、また、クラブチームやユースチームで勝負したい場合もあり、それをうまくプレミアリーグなどで一つの年代のリーグとして行っている事例もあります。

大滝 そうですね。そのクラブレベルでも高校レベルでも大体いい勝負をするようになっているので、どちらも選択肢として持てているという状況ではあると思います。

鈴木 高校野球でも是非、それを今やれるといいなと思っています。

筒香 ドミニカはそういう環境、すごくあるんです。何人も指導者がいるので、ここが駄目だったら、俺はここに行くっていうふうに、すぐ移動できるんですよ。その環境というのは素晴らしいなっていうのはありますね。

山崎 スポーツはグローバルなものなので、このまままし仮に日本の指導者がよくならないとしたら、むしろ早いうちから海外に行ったほうがいいんじゃないかという話になるかもしれませんし、海外から優秀な指導者が来るようになるかもしれませんよね。そうなると、なんで日本でそれができないんだという話になる前に、今のうちから選択肢をたくさん持っておくことがすごく大事だと思います。例えば、日本は部活文化じゃないですか。それを、もちろんスポーツにもよりますけど、クラブ文化※7にしていくということによって、世界にも、日本の全国にも、いろんなクラブがあって、選べるんだ、今いる部活動が環境的になじまな

い場合は、他に行ってもいいんだという意識を育てていく。それはこのオリンピック開催のタイミングでスポーツ庁として出していくメッセージとしてはいいんじゃないですかね。

鈴木 いいと思います。すでにその部活動とクラブが共存し合いながらいい形でやっているサッカーや、どちらかというと部活動よりクラブが中心の水泳に加え、体操やテニスなどもそういった形で行われています。本当にやりたい環境でやれるという環境づくりをすることがそのスポーツの発展・普及につながると思うので、是非こういった流れをつくっていきたいと思います。ただ、本来はその競技団体自身が気づかなければならないのではないでしょうか。しかし、気づかないということであれば、スポーツ庁が声を上げるしかないと感じます。

山崎 だから、部活もそういう意味でうまく専門家に頼めるところは頼んでいって、例えば、スポーツのテクニカルな部分に関しては、部活の先生が抱えるんじゃなくて専門家に委ねる、あるいは地域のクラブと一緒にやる、その一方で、部活は学校、つまり教育の現場としての意味があると思うので、選手の人格的な教育とか、挨拶とか、スポーツを通じて何を学ぶかというところに対してメッセージを出していくなどの役割に集中する、そういう連携ができるといいですよね。現状では指導者が自分の評判とか立場を考えるので、おそらくやりにくいと思うんですけど、いろんな人がチームになって、それぞれ得意分野を分け合うみたいなことになれば、もっともっと日本のスポーツが良くなるのではないかと思います。

※7　日本は少年少女レベルのスポーツが「体育」との関係で発展してきた歴史があるため、欧州に多く見られるようなクラブを中心としてスポーツをする文化よりも、部活動を中心としてスポーツを行う文化が根強い。

115

エリートのためのスポーツではおかしい

鈴木　はい、それが理想です。だからこそ総合型地域スポーツクラブの質を向上させるという仕事もやっていますが、部活動の地域での受け皿になればいいと思います。一番良くないのは、経済的な状況がさまざまある中で、スポーツの指導を受けるために高いお金を払わなければならないのは、避けたいと思っています。その意味で部活動は、道具などの必要経費はかかるものの、ほぼ無料で活動できるという利点もあります。

山崎　これも海外から学んだことですけど、今、子どもがスポーツをするときに、道具を買うコストが非常に高くて、野球なんかほんとにそうで、とにかくボールは飛ぶわ、バットは高いわみたいな形で悪循環になっているんですね。海外では、道具のコストを抑える、ないしは高騰させないという取り決めをしているというところもありますし。それから、プロ野球の選手会では、ひとり親の支援をこれから始めることになっているんですが、そのあたりはどうですか。

筒香　そうですね。正直ドミニカとか、アメリカの子どももそうですけど、日本に比べたら全然良いグラブを持っていないです。でも、逆にそっちのほうがうまくなっています。日本の子どもはすごく良いグラブを持っていたり、良いバットを持っているんですけど、後々苦労します。日本の野球だと、バット、非常によく飛ぶんですよね。本来バットは国際基準のBBCOR※8を取らないといけないんですけど、日本はその基準を取っていないんです。だから日本のバットは国際大会では使えないんですよ。そこも僕、ちょっとおかしいなと思います。

山崎　だから、BBCORを日本でも導入したほうがいいのではないかという話が出るのですが、いろんな事情があってできないというのがある

ので、そこは誰かがリーダーシップを発揮して、道具も無駄に高くしないようにするとか、経済的にいろんな立場の人がアクセスできるようにするというのも、政策的には大事になってきますよね。

鈴木　キューバに行ったときに国立野球学校の校長先生からお話を聞いたのですが、ベースボール5というバットを使わず、一つのゴムボールでできる野球型スポーツがありました。手打ち野球に似ていて、お金をかけずに誰でも楽しめます。世界野球ソフトボール連盟が気軽に参加できる野球型の競技として普及させているそうで、日本にも持ち込んだが、全然伝わっていないと指摘されました。どこかでこういう良い情報がシャットアウトされているのかなと思いました。子どもに良いグラブや道具を与えるために、大人の事情で子どもの可能性が制限されることは残念です。それによって競技力が向上せず、競技人口も減らしてしまう可能性もあります。

山崎　エリートのためだけの子どものスポーツにしてしまうと、勢い、良い選手だけに良いバットとか道具を買わせるような仕組みになってしまって、逆の方向にいってしまいますよね。そのアクセスをどういうふうに整備していくかというのも、おそらくスポーツの関係者が共通の価値観として持たなきゃいけない部分ですよね。

鈴木　野球は、小学校から大学、社会人まで、軟式、硬式といったように団体がたくさんあります。一方、サッカーはすでに日本サッカー協会があり、全部そこから派生しています。野球界では、それぞれの主義主

※8　甲子園など日本の高校野球の大会では金属バットが使われているが、プロが使う木製バットよりも反発力が高いため、ボールを芯で捉えなくても打球が飛ぶようになっており、そのせいでプロになってから苦労する選手が多い。また、反発力が高いことにより、投手に鋭い打球が当たって深刻な怪我を招くリスクも高くなっており、そうしたことから米国アマチュア野球界では、反発力を木製バット並みに設定したBBCORバットが導入されている。これによりプロとアマのバットの反発力の違いで選手が苦しむことがなくなり、また投手の安全性も高まったので、米国野球界では好意的に受け止められている。

張や利権があったりするので難しいですね。まずは野球界全体が一つに
まとまって、総合的に行っていくことが必要かなと思っています。

山崎　まさにそれはどういう価値観でつながれるかというところが重要
だと思います。

鈴木　野球全体の普及・振興・発展をみんなで考えていかなくてはなり
ません。

東京2020オリンピック・パラリンピックに向けて

山崎　ユニセフの子どもの権利とスポーツの原則を使って、価値観でつ
ながることができれば、今回、野球団体がこぞって賛同したように、ま
とまった行動もできるわけですから、まったく不可能な話ではないと思
います。オリンピックのあとに、何を残すのかというところが、今回の
ユニセフの原則をつくるきっかけになったのですが、長官も今こういう
お立場でオリンピック・パラリンピックを迎えるにあたって、子どもの
ための環境で、大きくメッセージとして残したいものはどういうことで
すか。

鈴木　まずは2019年に開催されたラグビーワールドカップ、そして東京
2020オリンピック・パラリンピック、こうした大きな国際競技大会の国
内開催から刺激を受けて、実際みんなが「スポーツをやろう」という機
運が高まっています。しかし、その「場」が不足しているという課題も
あります。公園ではボール遊びが禁止されているところが多く、野球も
サッカーもできないという現状があり、全国でセミナーを開催するなど
改革を促しています。学校のグラウンドや体育館などの施設については
朝から晩まで開放していただきたいと考えており、まさにそのためのガ
イドラインを作成しているところです。2020年大会の開催にあたっては

大きなお金がかかっているので、ただ2、3週間の大会を開催するだけではもったいないと思います。みんながスポーツをやるようになり、元気になり、国民医療費が抑制されて、その下がった分でさらにスポーツ振興をしていきたい。これを今レガシーの一つにしています。

山崎　ラグビーのワールドカップがあれだけ盛り上がったのは、日本代表が勝ったということももちろんあると思いますが、ラグビーのワンチームという言葉が流行ったように、それを通じて人と人がつながれるとか、人間同士の価値、一緒に何かやるということのスポーツ本来の価値が注目されたからだと思うんです。なので、エリートとして良い選手を育てることだけが目標ではなくて、スポーツはなんのためにやるのかとか、スポーツをすることがなんで素晴らしいのかというところに着目したものをレガシーとして残していければいいのかなというのがあります。その意味では、女子サッカーのワールドカップの招致もこれからですね。

大滝　はい。2023年ですね。

山崎　女子のサッカーは、2019年ワールドカップがありましたが、アメリカの代表がLGBTなどの人たちのために立ち上がって、メッセージを送った大会でした。現代はまさに、そうした価値が高まっていて、スポーツに関わる我々が何のためにスポーツをやるのかということをもっと自覚し、さらにみんなで共感しあうことが大事になってきていると思います。今、女子サッカーで、男子とは違う可能性を感じられる部分でいうと、どんな点を盛り上げていければいいですか。

大滝　日本ではまだまだ女性が活躍しづらい環境だということは、スポーツをやっている中でも感じていて、「なでしこケア」を立ち上げたのも、私たちアスリートが率先して発言していくことで、世の中の意識を変え、アスリートに限らずその他の女性も勇気づけることができるはずだと思っているからです。

山崎 筒香選手もこれからアメリカでプレーされて、それこそ世界中の
いろんな選手が集まってくるところで、言葉の壁とか文化の違いとかも
ありながら、一つになっていくという経験をされると思うのですが、そ
の中で筒香選手自身が、日本を意識することも今まで以上に増えると思
うんです。ドミニカに行ってそうだったと思いますし、その意味では日
本のスポーツ、もっとこうなってほしいというのは何かありますか。

筒香 一番はスポーツをやる意味、なんだと思います。もちろん僕は勝
つ、勝ちにいくことが悪いこととは思いませんし、勝つ喜びもわかりま
すし、負けた悔しさもわかりますけど、その勝ちにいく前に、スポーツ
マンシップであったり、心からスポーツを楽しむという部分が一番にき
て、指導者の方もそれを十分理解してあげることですかね。

山崎 これからメジャーリーグで筒香選手が活躍するたびにそのメッセ
ージを送り続けることで、もっともっと日本のスポーツ界の多くの指導
者、親、みんなが勇気づけられる機会が増えていくでしょう。また、オ
リンピック・パラリンピックを通じても、女子の活躍があったりする中
で、こうしたメッセージがどんどん広がっていけばいいですね。

鈴木 国連のSDGsについても、17の目標がある中で、スポーツを通じ
てさまざまな社会課題を解決するというのは世界的な流れです。筒香選
手や大滝選手のようなアスリートのみなさんは高い発信力を持ち、共感
を得られやすいと思います。変えるところは変えていき、スポーツの価
値をより高めていくために、スポーツ庁も応援してまいりますので是非
みんなで頑張りましょう。

（収録日：2019年12月23日＠スポーツ庁）

全員でユニセフ「子どもの権利とスポーツの原則」を手にして。

Children's Rights
in Sport Principles

子どもの権利とスポーツの原則

スポーツ団体とスポーツに関わる教育機関、スポーツ指導者に期待されること

01　子どもの権利の尊重と推進にコミットする

02　スポーツを通じた子どものバランスのとれた成長に配慮する

03　子どもをスポーツに関係したリスクから保護する

04　子どもの健康を守る

05　子どもの権利を守るためのガバナンス体制を整備する

06　子どもに関わるおとなの理解とエンゲージメント（対話）を推進する

スポーツ団体等を支援する企業・組織に期待されること

07　スポーツ団体等への支援の意思決定において、子どもの権利を組み込む

08　支援先のスポーツ団体等に対して働きかけを行う

成人アスリートに期待されること

09　関係者への働きかけと対話を行う

子どもの保護者に期待されること

10　スポーツを通じた子どもの健全な成長をサポートする

前文

スポーツには、子どもの健全で豊かさに充ちた成長を促す大きな力[1]と、その大きな影響力を通じて、世の中に広く積極的なメッセージを伝える力があります。

すべての子どもは、「その年齢に適した遊び及びレクリエーションの活動を行い並びに文化的な生活及び芸術に自由に参加する権利」を持っています[2]。そして「遊び」や「スポーツ」は、「教育」と同様に、子どもたちの人生に、大きく前向きな影響力を持っています[3]。子どもたちは遊びやスポーツを通じて社会性を身につけ、他者との協力、自制心、ルールを守ること、他者を尊重することを学びます。スポーツを通した、和解や平和のためのプログラムも、世界各国で実施され、よい結果をもたらしてきました。

スポーツは、自発的な運動の楽しみを基調とする人類共通の文化です。生涯を通じて行われるスポーツは、豊かな生活と文化の向上に役立ち、子どもはもとより、人びとにとって幸福を追求し健康で文化的な生活を営む上で不可欠なものです[4]。

一方で、現在においても、残念ながら、スポーツの指導・練習・競技等の過程において、子どもへの体罰、いじめ、身体への過度の負担をはじめ、子どもの権利に悪影響を与える問題が生じている事例も散見されます[5]。スポーツ競技大会等の大規模化、商業化、より若い年齢での専門化が進む中、子どもの人権の擁護に関する関係者の理解や仕組みづくりが、追いついていない状態も指摘されています。子どもの権利条約は、あらゆる形態の身体的、精神的な暴力、不当な取扱い、搾取等から子どもを守ることを定めていますが、スポーツに関係した暴力・虐待等の実態は、近年、徐々に明らかにされ、取り組まれるようになってきています。

スポーツの持つ影響力の大きさゆえに、スポーツが率先して前向きなメッセージ

を発すれば、子どもたちに様々な面で大きな影響を与えることが想像されます。そのような中、欧米を中心に世界60以上の国の100を超えるプロスポーツ選手会が参加する世界選手会連合が「子どもアスリートの権利擁護宣言」[6]を採択するなどの動きが見られるようになっています。オリンピックやパラリンピック、サッカー、ラグビーその他各種競技のワールドカップや世界大会等のいわゆるメガスポーツイベントや、国境を越えたスポーツの広がりなど、世界各国でスポーツが持つ社会的影響力が大きく注目される中、スポーツが真に子どもの健全な成長を支え、子どもの権利に負の影響を及ぼすことがないよう、多様な関係者が協力して取り組むことが非常に重要です[7]。

本原則に賛同するスポーツ団体、教育機関、スポンサー企業・組織、スポーツ選手・競技団体、スポーツ指導者、保護者等の関係者は、それぞれの立場に応じ、以下の原則の実施を目標として取り組むことを表明し[8]、相互の協働・対話を促進するため、その取組状況について、可能な範囲で積極的に対外的に公表・説明することに努めます。

定義

子ども：18歳未満のすべての者。

本原則における「子ども」：あらゆる形でスポーツに参加する18歳未満の者。スポーツ選手になることを願う子ども、レジャー、レクリエーションや体力づくり等の目的でスポーツをする子どもを含む。18歳以上の者であっても、子どもと同様に保護や支援が必要な場合には、本原則に準じた対応が求められる。

スポーツ団体：スポーツの振興のための事業を行うことを主たる目的とする団体を広く含む[9]。

子どもの権利とスポーツの原則

スポーツ団体とスポーツに関わる教育機関、スポーツ指導者に期待されること

原則1　子どもの権利の尊重と推進にコミットする

「子どもの権利条約」の趣旨をふまえ、子どもの権利の尊重と推進にコミットする。具体的には、以下の普遍的な価値について賛同し、これを組織内外で共有する。

(1) 常に子どもの最善の利益を考慮して行動する

子どもの最善の利益を、子どもに関するすべての行動の中で最も優先する。試合における勝利だけに価値があるという考え（勝利至上主義）は必ずしも子どもの最善の利益にはつながらないこと、また、生涯にわたる子どものスポーツへの参加を促進することにはならないことに留意する。

(2) 子どもの意見を尊重する

年齢、及び成熟度に配慮の上、子どもが、試合や練習への要望や不快感を含め、自分に影響を与えるすべての事項に自由に意見を述べることを尊重する。トップアスリートを目指す子ども、レジャー、レクリエーションとしてスポーツを楽しみたい子どもを含め、スポーツとの関わり方、楽しみ方に関する子どもの意見を尊重する。

(3) 子どもを差別しない

子どもやその保護者の性別、民族、出生、性的指向または自認、言語、宗教、文化、政治的意見その他の意見、国民的または社会的出身、障がい、経済的地位そ

の他の地位その他いかなる理由によっても、子どもを差別しない。

特に障がいのある子どもに対しては、スポーツ施設のユニバーサルデザイン化、スポーツ指導者等の適切な配置、誰もが参加できるルールや道具の導入等により、パラスポーツの機会の提供や、障がいのない子どもと一緒に楽しめるスポーツの採用に向けた取り組みを行う。

(4) 子どもをあらゆる形態の暴力やその他権利の侵害から守る

スポーツに関わる、子どもに対するあらゆる形態の暴力、虐待を撲滅し、その他子どもの権利に悪影響を与える問題に対処する。

(5) スポーツを通じて子どもの権利を推進する

フェアプレー、チームワーク、他者の尊重等、スポーツの基本的価値を推進し、子どもの心身の健全で豊かさに充ちた成長を促進する。

原則2 スポーツを通じた子どものバランスのとれた成長に配慮する

子どもがスポーツ以外の安らぎ、家族とともに過ごす時間、レジャー、レクリエーションや学習とのバランスを通して、健全かつ包括的な個人としての成長を達成することを支援する。具体的には以下の視点に配慮し、団体、教育機関はその規模・性格・活動内容に応じた取り組みを検討する。

(1) 子どものバランスのとれた成長を促進する

子どもが家族と過ごす時間を尊重し、家族生活への権利を保障する。

子どもが自分の性格、才能、精神的および身体的能力を最大限発揮できるよう、その年齢に適した学びや遊び、スポーツ、レジャー、レクリエーション活動に十分な機会を与え、文化芸術活動に自由に参加できる環境を確保し、バランスのとれた成長を促進する。

スポーツにおける誠実性・健全性・高潔性、フェアプレーとチームワークを推進し、教育の重要性、健康でバランスのとれた食事とライフスタイルの重要性、いじめを含むあらゆる形態の子どもへの暴力からの保護など、日常生活の中でバランスのとれた成長を促進するために必要な様々な情報を子どもと共有する。

また、トップアスリートとして活躍できる期間は限られていることや、事故や故障により「スポーツ活動の機会」が絶たれる可能性が常に存在するなど、スポーツ選手のキャリアに関わるリスクと危険性に関する情報についても子どもに提供する。

(2) 子どもの学習・教育の機会を確保する

トップアスリートを目指す子どもを含め、スポーツを行うすべての子どもに十分な学習の機会・時間を与える。

子どもが、スポーツ以外の分野の学習や生活に関し、適切な資格を持った専門家に相談できる機会を提供し、子どもが将来スポーツ以外の進路を選ぶこともできるようサポートする。

原則3　子どもをスポーツに関係したリスクから保護する

子どもをあらゆる形態の暴力や虐待などのリスクから保護するとともに、子どもが安全にスポーツを行える環境を確保する。具体的には、以下の視点に配慮し、団体、教育機関はその規模や活動内容に応じた取り組みを検討する。

(1) 子どもを暴力や虐待などから保護する

スポーツの指導・練習・競技等のあらゆる過程において、あらゆる形態の身体的または精神的な暴力、虐待（性的虐待を含む）、過度なトレーニング、ハラスメント（セクシャル・ハラスメント、パワーハラスメント等）、いじめ、指導の放棄、無関心な扱い、不当な扱い、搾取、過剰な規律や制裁、人身売買を撲滅する。

子どもから子どもに対して行われるもの、ネット上のものを含め、子どもに対する身体的、精神的な虐待、侮蔑的な言葉使いや扱いを禁止する。

スポーツの指導・練習・競技における事故に関するデータを収集し、そのような結果を招いた要因を分析する。

(2) 子どもが適切な指導能力を持つ有資格者から指導を受けられるように努める

スポーツ指導・管理に関わる人材は、適切な資格を有し、トレーニングを行い、継続して専門的能力の向上に努めるとともに、それを支援する団体はその環境整備を進めるよう努める。

(3) 子どもが安全にスポーツを行うことができる環境を確保する

スポーツに関わる事故や怪我を予防し、身元調査が行われた人物のみがアクセス可能なスポーツ環境を提供する等、子どもが安心して練習や競技を行うことができる環境を確保する。

子どもがスポーツをするために移動する際に、安全で質の高い移動手段、滞在施設、食事を子どもに提供する。

(4) 子どもが不正行為に関与することなくスポーツを行える環境を確保する

子どもが、名声や経済的利益等を誘因とする不正な勝利の追求行為（八百長、その他買収などの不正行為、勝敗に関わる意図的な操作）に関与することなくスポーツを行える環境を確保する。

スポーツの大規模化、商業化に伴い、立場の弱い子どもが、成人に比べ、よりそのような不正行為に巻き込まれやすいことを十分認識し、子どもを取り巻く関係者（「アントラージュ」とも呼ばれる※10）の教育や規律維持を行うなどの配慮を行う。

また、代表選手選出等については、公平性及び透明性に配慮し、決定権限を有するスポーツ指導者等に対して、特定の子どもを出場させるために経済的利益等が

提供される行為等を防止するよう配慮する。

(5) 子どもをあらゆる種類の搾取から守る

商業的、政治的、社会的なものを含むあらゆる形態の搾取から子どもを守る。

原則4　子どもの健康を守る

ドーピングから子どもを保護することを含め、子どもの身体的及び精神的な健康を守る。具体的には以下の視点に配慮し、団体、教育機関はその規模・性格・活動内容に応じた取り組みを検討する。

(1) 子どもの身体的及び精神的な健康を守る

成長期にある子どもに対しては、年齢や成長に応じたスポーツの種類や運動強度、指導法に配慮する。

スポーツ医・科学の見地から、過度なトレーニング、体の（一部の）使い過ぎ（オーバーユース）、バーンアウト等により子どもの心身の健康に負の影響を与えないよう配慮し、子どもをそのような状況に追い込むことは、虐待にもつながり得ることを認識する。必要に応じて関係者と連携し、組織内外でルール作り等に協力する。

おとなの過度な期待に応える等のために、子どもが、その後の生涯に影響を及ぼす重篤な障害を負うリスクを顧みずに、進んで自らを酷使する傾向があることに鑑み、それに伴うリスクなどを適切に告知するなどの手段によって、子どもの冷静な判断を促す。また、子どもに過度なプレッシャーを与えることなくその判断を尊重する環境を整えるなど、子どもの心身の健康を実効的に守るために配慮する。

子どもが、認定を受けたアスレティックトレーナーや医師、心身の健康に関する教育とカウンセリングを行う専門家に容易にアクセスできるようにする。

(2) ドーピングから子どもを保護し、栄養指導を提供する

スポーツ医・科学の見地から、子どもをあらゆるドーピングから守り、子どもの心身への短期的・長期的影響に配慮せずに、競技技術や能力の向上を目的とした栄養補助剤等を含む、いかなる物質も子どもに提供されることがないようにする。子どもをドーピングに追い込むことは、虐待にもつながり得ることを認識する。子どもや子どもを取り巻くスポーツ指導者、保護者等に対し、適切な栄養、健康的な食事、及び医薬品やサプリメントの適切な使用に関する、資格を持った専門家からの教育の機会を提供する。

特に体重管理が重視されるスポーツに固有のリスクを認識し、子どもに関わる関係者に、摂食障害があった場合にそれを見つけ、支援を求めるために必要な情報を提供する。

(3) 適切な生活習慣を構築する

1日24時間は、スポーツのためだけにあるのではないことに留意し、学習や教育、休息や睡眠に係る時間が適切に確保できるようバランスを意識し、スポーツに係る時間の設定を行い、適切な生活習慣を整える。

原則5　子どもの権利を守るためのガバナンス体制を整備する

スポーツ団体とスポーツに関わる教育機関は、本原則1～4に掲げる原則を効果的に実施するためのガバナンス体制を整備する。具体的には、各団体の規模・性格・活動内容に応じ、以下の措置を実施する。

(1) 基本方針を策定・公表する

各団体の規模・性格・活動内容をふまえ、本原則1～4の内容にコミットするための方針（子どもだけでなく、プレーヤー全体を網羅したものも含む）を策定し、

組織内外で公表する。

(2) リスクを確認・評価し、リスクの高さに応じた対応を行う

各団体の性格・活動内容に応じ、子どもの権利にどのような悪影響を与える問題
が生じる可能性があるのかを把握し、そのリスクの高さに応じた措置を講ずる。

(3) ルール、ガイドライン、行動規範等を制定し、これを実施する

本原則1～4に掲げる子どもの権利の保護と推進に関する方針を実施するための
具体的なルール、ガイドラインや行動規範を制定し、これをスポーツ指導者、ス
ポーツ選手その他の関係者に適用する。

(4) モニタリングと継続的な改善を行う

スポーツの指導・練習・競技等の過程において、暴力行為、過度なトレーニング、
オーバーユースその他の子どもの権利に悪影響を与える問題が生じていないか否
かについて定期的にモニタリングを行う。
モニタリングなどの結果をふまえ、子どもの権利の尊重と推進のための取組状況
に関して継続的に見直しを行い改善する。

(5) 相談・通報窓口を確保し問題を解決する

子どもが、暴力行為、過度なトレーニング、オーバーユースその他の子どもの権
利に悪影響を与える問題に関して、秘密を保ったまま安全に相談できる窓口を確
保し、子どもの権利について、また、懸念があった場合にどのように相談できる
のかについて、子どもに情報を提供する。
子どもの権利に悪影響を与え得る問題に関して、第三者または懸念を持った人が
誰でも通報や相談ができる仕組みを確保する。
相談・苦情を受け付けた場合には、子どもの最善の利益を最優先する形で、子ど
もがそのニーズに合った効果的な救済手段にアクセスできるようにし、子どもが

意味のある形でその過程に関われるようにする。

原則6　子どもに関わるおとなの理解とエンゲージメント（対話）を推進する

スポーツ団体とスポーツに関わる教育機関は、本原則を効果的に実施するため、子どもを取り巻くすべての関係者への本原則の周知、関係者との対話を確保する。具体的には、団体の規模・性格・活動内容に応じ、以下の措置を実施する。

(1) 子どもを支えるスポーツ指導者等の適切な人選・教育を行う

子どもを支えるすべての関係者（スポーツ指導者、教員、トレーナー、ボランティア等を含む）について、子どもの権利に悪影響を及ぼすことのないように、人選の基準に子どもの権利の尊重を含めること、また、過去の虐待の記録を確認すること等により、適切な基準に基づき採用や人選を行う。
必要に応じて関係団体とも協力して、それら関係者による本原則の適切な理解、実施を促進するための定期的な教育・研修の機会を提供する。

(2) 対話を通じて組織内外の関係者の理解を促進する

団体内で子どもと関わるすべての関係者、および保護者、学校、成人アスリート等団体外の関係者を含め、子どもに関わる関係者間の、また子どもとの定期的な対話を通じ、それぞれの現場の実情をふまえ本原則に関わる事項について適切に対応するために、本原則の理解を促進する。子どもが問題、懸念、考えを共有できる安全な環境を提供する。

スポーツ団体等を支援する企業・組織に期待されること

原則7　スポーツ団体等への支援の意思決定において、子どもの権利を組み込む

企業・組織は、スポーツ団体等への支援の可否の意思決定にあたって、本原則1
～6に規定する子どもの権利の尊重と推進の確保に関する取組みの状況を考慮する。

企業・組織は、必要に応じて、スポーツ団体等への支援の条件として、本原則1
～6の規定に従い、子どもの権利の尊重と推進の確保に関する取組みを実施する
ことを表明させることも検討する。

原則8　支援先のスポーツ団体等に対して働きかけを行う

企業・組織は、支援するスポーツ団体等に対し、当該スポーツ団体等のリスクの
高さに応じて、本原則1～6規定の子どもの権利の尊重と推進の確保のための取
組状況に関して説明を求め、取組みが十分ではない場合にはこれを実施するよう
に働きかけを行う。

成人アスリートに期待されること

原則9　関係者への働きかけと対話を行う

子どもはその脆弱な立場や周囲からの期待・重圧、また懸念を表す能力の発達度ゆえに、子どもの権利に悪影響を与える問題について声を上げにくい立場に置かれていることが多い。このことをふまえ、子ども時代からスポーツに深く関わり、過去に同様の経験を持つことの多い、また懸念を代弁、支援、共有する立場にある成人アスリートは、子どもを支援するため、自らの経験をふまえ、以下のとおり、関係者に働きかけを行うことが期待される。

(1) スポーツ団体等に働きかけを行う

成人アスリートは、その影響力の程度に応じ、スポーツ団体等及びそれを支援する企業・組織との間で、自らの経験をふまえ、子どもの権利尊重・支援のあり方について対話を行い、本原則1〜8に沿った取組みを実施するように働きかけを行う。

(2) 子どもとの対話を行う

成人アスリートは、子どもが、暴力行為、過度なトレーニング、オーバーユースその他の子どもの権利に悪影響を与える問題について躊躇なく相談を行えるように、子ども及びその保護者に、可能かつ適切な範囲で、自らの経験を共有し、子どもがスポーツにおいて直面しうる問題に関する認識を高めるよう努める。

子どもの保護者に期待されること

原則10　スポーツを通じた子どもの健全な成長をサポートする

子どもに対し、物心両面の様々なサポートを提供し、スポーツの力を伝え、時に
スポーツ団体等の活動をサポートする等の重要な役割があることをふまえ、子ど
もの保護者は、以下のとおり、子どもの健全でバランスのとれた成長をサポート
することが期待される。

(1) 子どもの健全でバランスのとれた成長に配慮する
保護者は、子どもの最も重要な支援者として、その役割の重要性を認識しつつ、
子どもが潜在能力を発揮し、スポーツをしている時間を楽しむことができるよう、
子どもがバランスの良いライフサイクルで過ごすことができるように十分配慮して、
監護する。保護者は、スポーツとの関わり方、楽しみ方を親子で共有し、子どもが
どのようなサポートを必要としているかに配慮し、過度な期待や関与等によって子
どもに悪影響を与えないようにする。子どもは自らに負荷をかけすぎることもあり、
子どもを守るために時におとなが限界を設定する必要があることも認識する。

(2) 関係者と対話し、子どもの保護のための取組みを行う
保護者の立場から、スポーツ団体等の関係者と対話しつつ、本原則1〜4のうち関
連事項について、その実施に取り組む。

(3) 子どもの権利に悪影響を与える問題の解決をサポートする
保護者は、子どもの権利に悪影響を与える問題が生じていないか否かを継続的に
確認し、子どもから相談を受けた場合や自ら問題を発見した場合、子どもの最善
の利益を最優先する形で、その問題の解決をサポートする。

※1　スポーツ基本法の前文も「スポーツは、次代を担う青少年の体力を向上させるとともに、他者を尊重しこれと協同する精神、公正さと規律を尊ぶ態度や克己心を培い、実践的な思考力や判断力を育む等人格の形成に大きな影響を及ぼすものである。」と規定している。また同法第2条第2項も、「スポーツは、とりわけ心身の成長の過程にある青少年のスポーツが、体力を向上させ、公正さと規律を尊ぶ態度や克己心を培う等人格の形成に大きな影響を及ぼすものであり、国民の生涯にわたる健全な心と身体を培い、豊かな人間性を育む基礎となるものであるとの認識の下に、学校、スポーツ団体、家庭及び地域における活動の相互の連携を図りながら推進されなければならない。」と規定している。

※2　子どもの権利条約第31条1「締約国は、休息及び余暇についての児童の権利並びに児童が その年齢に適した遊び及びレクリエーションの活動を行い並び に 文化的な生活及び芸術に自由に参加する権利を認める。」

※3　国連子どもの権利委員会「一般的意見17：休息、余暇、遊び、レクリエーション、文化的な生活及び芸術に対する子どもの権利（第31条）」（2013年）

※4　『スポーツ宣言日本（2011年7月15日、日本体育協会・日本オリンピック委員会）』において「スポーツは、自発的な運動の楽しみを基調とする人類共通の文化である。スポーツのこの文化的特性が十分に尊重されるとき、個人的にも社会的にもその豊かな意義と価値を望むことができる。とりわけ、現代社会におけるスポーツは、暮らしの中の楽しみとして、青少年の教育として、人々の交流を促し健康を維持増進するものとして、更には生きがいとして、多くの人々に親しまれている。スポーツは、幸福を追求し健康で文化的な生活を営む上で不可欠なものとなったのである」と定義されている。

※5　例えば、ユニセフ（国連児童基金）イノチェンティ研究所『スポーツにおける暴力から子どもたちを守る（英文、原題：Protecting Children from Violence in Sport: A Review with a Focus on Industrialized Countries）』（2010年）

※6　World Players Association, "Declaration on Safeguarding the Rights of Child Athletes"（2017年11月8日発表）を主たる最善の利益を基本原則に掲げ、スポーツにおける暴力や虐待その他のリスクからの子どもの保護、教育機会の保障、子どもの意見の尊重等を定めている。

※7　本原則は、「子どもの権利とビジネス原則」をモデルとして作成したもの。「子どもの権利とビジネス原則」は、企業・組織に対し、人権を尊重する責任を果たす一環として、人権に対する悪影響を評価し、対処することを要求する「ビジネスと人権に関する国連指導原則」（2011年）を補完する形で、企業・団体が子どもの権利を尊重・支援するための10の原則を定めている。

※8　原則をそのまま実施することが適切ではない個別の事情が存在する場合には、その事情を説明することに努める。

※9　スポーツ基本法第2条2（一部）「スポーツ団体（スポーツの振興のための事業を行うことを主たる目的とする団体をいう）」

※10　日本オリンピック委員会『選手のアントラージュ（選手を取り巻く関係者）の行動についてのガイドライン』によれば、「アントラージュとは、マネージャー、代理人、コーチ（教員含む）、トレーナー、医療スタッフ、科学者、競技団体、スポンサー、弁護士、選手の競技専門職を宣伝する個人、合宿施設を整備し、集中的に選手強化を進める法人、家族など、選手と関わりを持つすべての人々を指し、なおかつこれらの人々に限定されない」とされている。

「子どもの権利とスポーツの原則」アセスメントツール

以下の質問にお答えいただくことで、子どもの権利を守るための取り組みがどのくらい行われているのか、確認していただくことができます。

原則1　子どもの権利の尊重と推進にコミットする

(1) 子どもが参加するスポーツを実践する際に「子どもの権利」を意識していますか。

(2) 常に子どもの最善の利益を考慮し、目前の試合の勝利にこだわらない長い目で見た指導を行っていますか。

(3) スポーツとの関わり方、楽しみ方、試合や練習への要望や不快感を含め、子どもが自由に意見を述べることを尊重していますか。

(4) 子どもがスポーツを通して、フェアプレー、チームワーク、他者の尊重等スポーツの基本的価値を学ぶことに配慮していますか。

(5) 子どもの権利尊重のための基本方針を定め（ユニセフ「子どもの権利とスポーツの原則」への賛同や関連団体の宣言・行動規範等の採用を含む）、団体内外に公表していますか。

原則2　スポーツを通じた子どものバランスのとれた成長に配慮する

(6) 活動予定を決める際に、学校行事や子どもが家族と過ごす時間等を考慮していますか。

(7) 活動計画を十分な時間的余裕をもって決定し、子どもや保護者に伝えていますか。

(8) （部活動）スポーツ庁「運動部活動ガイドライン」に従った練習日数・時間を設定していますか？（部活動以外）活動休養日に関するルールを設けていますか。

(9) 子どもたちとスポーツ選手のキャリア等について話をする機会を設けていますか。

(10) 子どもたちと成人アスリートが交流する機会を設けていますか。

原則3　子どもをスポーツに関係したリスクから保護する

(11) 子どもに対する暴力行為や暴言等を禁止する明示的な規定を設けていますか（ユニセフ「子どもの権利とスポーツの原則」への賛同や関連団体の定める宣言・行動規範等の採用を含む）。

(12) 事故や怪我が発生したときに、原因の検証を行い再発防止に役立てていますか。

(13) 子どもが適切な指導能力を持つ指導者から指導を受けられるよう努めていますか。

(14) 子どもが安全にスポーツを行うことができる環境の確保に努めていますか。

(15) 子どもが不正行為（勝敗の意図的な操作等）に巻き込まれることがないよう配慮していますか。

原則4　子どもの健康を守る

(16) 子どもの年齢や成長に応じた運動強度、頻度、指導に配慮していますか。

(17) 身体の酷使（オーバーユース）防止のために、練習や試合への参加に関する規程を設けていますか（関連団体の定める規定の採用を含む）。

(18) 子どもの健康を守るため、定期的に検診を行っていますか。

(19) 子どもがアスレチックトレーナーや医師、心理カウンセラー等の専門家に容易にアクセスできるようにしていますか。

(20) 子どもに対して、栄養や食事、医薬品やサプリメントの適切な使用等に関する指導や配慮をしていますか。

原則5　スポーツを通じた子どものバランスのとれた成長に配慮する

(21) 団体内に子どもの権利の尊重のための担当者をおいていますか。

(22) 団体内で子どもの権利が守られているか、定期的に子どもや保護者へのヒアリング、指導者を交えた話し合い等を行っていますか。

(23) 団体関係者が子どもに対する権利侵害を行った場合、公平で透明性の担保された意思決定に基づいた処分等の適切な対応を行っていますか。

(24) 子どもが、暴力や懸念、身体の不調等に関して相談・報告しやすい仕組みを作り（外部窓口へのアクセスを含む）、子どもに周知していますか。

(25) 子どもが他団体に移籍することを困難にするような制度・慣習はないですか。

原則6　子どもに関わるおとなの理解と対話を促進する

(26) 指導者等の採用において、子どもの権利の尊重という観点も考慮して判断していますか。

(27) 指導者等に対して、子どもの権利の尊重に関する教育・研修の機会を提供していますか。

(28) 団体内で、子どもの権利尊重、そのための指導方針や指導のあり方等について、役職員、保護者、子ども等に定期的に伝え、共有していますか。

(29) 団体内で、子どもの権利尊重、そのための指導方針や指導のあり方等について、保護者や子どもたちが自由に意見を言える機会を設けていますか。

(30) 外部の関係者・団体、成人アスリート等との間で、子どもの権利の尊重、そのための指導方針や指導のあり方等について対話する機会を設けていますか。

「子どもの権利とスポーツの原則」アセスメントツールは、子どもが参加するスポーツに関わる方々（指導者、チーム、保護者、協力者など）に、関係するチームにおける子どもを守るための取り組み状況の確認や、外部の関係者（スポンサー等）との対話のためのツールとしてお使いいただけます。

原則（1〜6）ごとに「はい」の回答がそれぞれいくつあったか、このチャートに記入してみてください。よくできているところ、もう少し努力が必要なところが見えてきませんか。

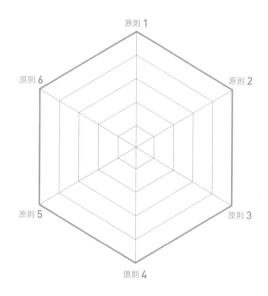

アセスメントツール、「原則」全文、ポスターその他関連情報は、下記の特設サイトでもご紹介しています。

ユニセフ「子どもの権利とスポーツの原則」特設サイト
childinsport.jp

エピローグ

「子どもの権利とスポーツの原則」は、「子どもの権利」についてのものではありますが、とりもなおさず、私たち大人に対して「どんな社会で生きていきたいのか」という問いを投げかけているものであるように思います。

　もし、大人たちが苛烈な競争社会の中に生きていて、常に、どうしたら人より評価されるか、どうしたら他の人よりもっとお金を稼ぐことができるかをひたすら考える毎日を過ごしていれば、当然、子どもたちにも、そのような人生を期待し、そのための努力を求めることになるでしょう。

　そのような流れがスポーツ界にもたらされたことによる自然な結果が、勝利至上主義です。アメリカでもヨーロッパでも、幼い子どもに、スポーツでの成功とそれによってもたらされる富を期待した結果、多くの子どもたちが、子どもらしく生きる時間を奪われ、適切な教育を受ける機会も失い、あるいは、好きだったはずのスポーツを怪我などの理由でできなくなるという悲劇を経験しました。日本も例外ではありません。それは、構造的な問題によるものです。競争社会とスポーツの商業化が結びついたからこそ起こった自然な成り行きなのです。

　21世紀に入り、行き過ぎた資本主義・競争社会への反省から、「持続可能な」成長を目指す社会へと世界的に舵を切っている流れの中で、国連のSDGsや、ビジネスと人権に関する指導原則に沿った動きを、スポーツ界も求められています。国際オリンピック委員会（IOC）や、国際サッカー連盟（FIFA）が、人権尊重や、子どもへのハラスメント防止

を提唱し、そのためのガイドラインなどを公表したりする動きは、20年前、いや10年前ですら想像しづらいことでした。

　しかし、そのような動きに対して「今の時代はそういう流れだから」と思って、義務的な感覚で取り組むか、多少青臭くても「一人ひとりが尊重され、自分らしく生きる自由と余裕が与えられ、そのうえで、豊かな心で、社会への貢献を、協調関係のもとに考えられる社会になったらいいな」と思って取り組むかでは、自ずから結果が変わってくると思います。

　おそらく、みなさんの中で答は出ていても、さまざまな理由からすでに作り上げた仕組みを壊せないために、そうした社会に向けての一歩がなかなか素直に踏み出せないというのが実際なのではないでしょうか。

　学校が社会の縮図であると言われるように、子どもの権利を考えるにあたっては、何より、私たち大人が、「こんな社会の中で生きていきたい」という思いを、素直に共感しあえる環境を作ることが大切なように思います。

　この本で紹介されている、さまざまな取り組みは、スポーツに関わるさまざまな人たちが、いろんな苦難を経験した結果、「こんな環境になったらいいな」という思いをもとに行われたものであり、私たちが学ぶべきこと、あるいは共感すべきことは、何をしたかということもさることながら、それ以上に、どんな思いでそれをするに至ったのかという「哲学」の部分なのだと思います。

　スポーツに関わるさまざまな人たちが、そうした「思い」「哲学」の

レベルで共感し、そこについて「競争」ではなく「共創」していけるようになれば、「子どもの権利とスポーツの原則」も、スムースな形で実現されていくことでしょう。

　富を築き上げるために、いろんな人が競争しあった20世紀が終わり、私たちが目指すべき社会は、一人ひとりの違い、自由が尊重され、みんなが協働しあって社会に付加価値を作り出していく社会であり、そうした違いを認めあうためには「対話」が不可欠となります。それは、大人同士はもちろん、大人と子どもの関係においてもそうです。

　タテ社会の文脈では「文句」「刃向かう」とみなされがちな「対話」も、21世紀型協働社会では、お互いの違いを認めあうための不可欠なツールになります。そして、スポーツこそ、そうした関係構築（エンゲージメント）のための最高の機会を与えてくれるものであり、そうしたスポーツの価値が、今ますます注目されるようになってきていると言えます。

　お金がなければ何もできないじゃないか、それも真実です。スポーツの商業化がもたらしたメリットも正当に評価される必要があります。しかし、何のためにスポーツをするのか、という問いは、私たちがどういう社会で生きていきたいのかによって、答が変わってきます。

　この本が、そうした「哲学」の部分での共感を生み出し、さらなる多くの取り組みを生み出すきっかけとなれば編者としてこの上ない喜びです。

編者を代表して　山崎 卓也

編者紹介
━━━━━━━━━━━━━━━━━━━━━━━━━━━━

日本ユニセフ協会
中井 裕真（広報・アドボカシー推進室長）
髙橋 愛子（広報・アドボカシー推進室）

「子どもの権利とスポーツの原則」起草委員会
山崎 卓也（弁護士／ Field-R 法律事務所）
高松 政裕（弁護士／京橋法律事務所）
飯田 研吾（弁護士／兼子・岩松法律事務所）

ユニセフ「子どもの権利とスポーツの原則」特設サイト
childinsport.jp

その指導、子どものため？ おとなのため？

ユニセフ「子どもの権利とスポーツの原則」実践のヒント

2020年6月1日　初版第1刷発行

編　者　公益財団法人 日本ユニセフ協会
　　　　「子どもの権利とスポーツの原則」起草委員会
発行者　大江道雅
発行所　株式会社 明石書店
　　　　〒101-0021 東京都千代田区外神田6-9-5
　　　　電　話　03（5818）1171　　FAX　03（5818）1174
　　　　振　替　00100-7-24505
　　　　http://www.akashi.co.jp

デザイン　清水肇（prigraphics）
印刷・製本　モリモト印刷株式会社

子どもの権利ガイドブック【第2版】

日本弁護士連合会子どもの権利委員会 編著

■A5判／並製／576頁 ◎3600円

子どもの権利について網羅した唯一のガイドブック。教育基本法、少年法、児童福祉法、児童虐待防止法等の法改正、さらに、新しく制定されたいじめ防止対策推進法にも対応した待望の第2版。専門家、支援者だけでなく、子どもに関わるすべての人のために──。

● 内容構成 ●

子どもの権利に関する基本的な考え方

各論

1 いじめ／2 不登校／3 学校における懲戒処分／4 体罰・暴力／5 学校事故（学校災害）・スポーツ災害／6 教育情報の公開・開示／7 障害のある子どもの権利──学校生活をめぐって／8 児童虐待／9 少年事件（捜査・審判・公判）／10 犯罪被害を受けた子ども／11 社会的養護と子どもの権利／12 少年院・少年刑務所と子どもの権利／13 外国人の子どもの権利／14 子どもの貧困

資料

めっしほうこう（滅私奉公）

学校の働き方改革を通して未来の教育をひらく

藤川伸治著

◎1600円

教員政策と国際協力 未来を拓く教育をすべての子どもに

興津妙子・川口純編著

◎3200円

国際セクシュアリティ教育ガイダンス 教育・福祉・医療・保健現場で活かすために

ユネスコ編　浅井春夫・艮香織・田代美江子・渡辺大輔訳

◎2500円

ドイツのインクルーシブ教育と障害児者の余暇・スポーツ 移民・難民を含む多様性に対する学校と地域の挑戦

安井友康・千賀愛・山本理人著

◎2700円

発達障害白書 知的・発達障害を巡る法や制度、社会動向の最新情報を網羅。

日本発達障害連盟編

【年1回刊】

◎3000円

シリーズ・子どもの貧困【全5巻】

松本伊智朗編集代表

◎各巻2500円

子どもの貧困調査 子どもの生活に関する実態調査から見えてきたもの

山野則子編著

◎2800円

子どもの虐待防止・法的実務マニュアル【第6版】

日本弁護士連合会子どもの権利委員会編

◎3000円

〈価格は本体価格です〉